U0747955

高校采购与招标工作
廉政风险防控手册

GAOXIAO CAIGOU YU ZHAOBIAO GONGZUO
LIANZHENG FENGXIAN FANGKONG SHOUCE

主　编　李家才
副主编　尹　辉　张春雨

中南大学出版社
www.csupress.com.cn
·长沙·

《高校采购与招标工作廉政风险防控手册》

编 著 团 队

主　　编　李家才

副 主 编　尹　辉　张春雨

主　　审　刘继虎

编著人员　（按姓氏笔画排序）

毛慧悦　尹　辉　朱方頔

李家才　肖伟鹏　张春雨

陈　雷　陈侣侣

前 言

党的十八大以来，我们党在坚定不移惩治腐败的同时，更加注重预防，更加注重治本，明确提出"一体推进不敢腐、不能腐、不想腐，不仅是反腐败斗争的基本方针，也是新时代全面从严治党的重要方略"。对于高等学校而言，惩治与预防腐败，加强廉政建设也是一项常抓不懈的工作。因为高等院校作为人才培养的主阵地，担负着为党育人、为国育才的重要使命，本身就必须保持风清气正的良好环境，同时，近年来高校内部人员因贪腐而构成违法违纪的案件并不鲜见，也表明高校在预防与惩治腐败方面同样丝毫不能放松。因此，党中央和教育部党组高度重视高校的反腐、防腐工作。2022年，中央纪委、国家监委专门印发《关于深化中管高校纪检监察体制改革的意见》，进一步明确中管高校纪检监察机构的职能定位、职责权限，强化纪律检查职责、赋予监察权，做实监督全覆盖、增强监督有效性。早在2014年，中共教育部党组就发布《关于深入推进高等学校惩治和预防腐败体系建设的意见》，明确提出，发生在高等学校的腐败问题危害极大，必须坚持零容忍，发现一起查处一起，决不姑息，决不手软；同时也强调，加强反腐倡廉制度建设，把权力关进制度的笼子里。

在高校的反腐、防腐中，采购与招标领域被视为重点领域。从高等学校"三重一大"决策要求来看，"重大工程安排与大额度资金运作"所表示的"重""大"倍受关注。而高校的采购与招标工作既直接涉及重大工程安排，也是大额度资金运作的核心环节。上述教育部党组文件也特别强调"严格规范采购行为""加强基建项目监管"等要求。从近年查处的高校违纪违法人员案例看，绝大多数被查处者都涉及采购与招标工作中的违法违纪行为。因此，在高校的采购与招标领域坚持惩治与预防腐败相结合，加强廉政风险防控是十分必要的。

中南大学采购与招标管理中心近年来在学校党委的领导下，在学校纪检监察机构的指导下，建立起了一套横向到边、纵向到底的廉政风险防控机制，以制约和监督权力运行为核心，加强重点环节的防控，取得了较好的实践效果。为总结经验，补齐短板，我们组织人员对高校采购与招标中的廉政风险防控进行了调研、思考，在此基础上编写出了这本

《高校采购与招标工作廉政风险防控手册》。

本书首先对我国政府采购和招标投标法律制度的核心内容予以介绍，并分析了高校采购和招标活动适用上述法律制度的要点。在此基础上，分析研判了高校采购与招标过程中的廉政防控重点和关键环节，以采购与招标流程为主线，覆盖项目立项论证、采招申请审批、采招方式变更、采招文件编制、采招公告发布、采招活动组织、采招合同签订、合同履行等全流程、全环节，对其中存在的廉政风险点进行梳理，归纳，具体列举了需求不科学、条款不合理、程序不规范、信息未保密、干扰采招评审、未按规定签订合同等一系列廉政风险的防控措施和责任主体，致力于达成让信息更透明、流程更规范、权责更清晰、监督更有力的效果。

高校采购和招标领域发生了大量违法违纪案例，显示了廉政风险的具体样态。为贯彻落实党中央"以案为鉴、以案促改、以案促治"的精神，我们制作了体现廉政风险的系列违法违纪案例，并逐案作出评析。

全书分为五章，分别为概论、货物与服务项目采购廉政风险点及防控措施、工程项目招标采购廉政风险点及防控措施、合同管理廉政风险点及防控措施、典型案例评析，共列出 639 个廉政风险点，提出 298 条防控措施，对 20 个案例进行了深入评析。为了突出重点和便于区分，廉政风险点及防控措施一览表中采用不同符号对风险点等级进行标示。针对风险点，根据权力的重要程度、权力行使的频率、自由裁量权的大小、腐败现象发生的概率及危害程度等因素，将廉政风险分为"高""中""低"三个等级，分别用"▲▲▲""▲▲""▲"进行标示。

本手册可供各高校纪检监察部门、采购与招标管理部门、财务部门等参考，也可为参与高校采购与招标活动的其他各方主体发挥一定的提示作用，同时还有可能被其他党政机关、企事业单位为防控采购与招标工作中的廉政风险所借鉴。

我们在编著过程中参考并借鉴了国内外相关领域专家学者的论文、论著及教材等成果，为保证本书简明风格需要，未一一注明出处，特在此表示诚挚的谢意。由于编著者水平有限，书中难免存在诸多不足，恳请读者批评指正。

目 录

第一章

概　论

一个人最大的诱惑是自己，最难战胜的敌人也是自己，廉洁奉公，关键在于自律。

第一节

政府采购及其法律规定

导·语

　　在我国，高校(本书特指非民办高校)主要使用财政性资金设立并维持运行，是典型的事业单位，其采购活动有很大比例被纳入政府采购的范围。具体而言，高校使用财政性资金采购依法制定的集中采购目录以内的或者采购限额标准以上的货物、工程和服务，均属于政府采购，适用《中华人民共和国政府采购法》(以下简称《政府采购法》)。本书聚焦高校采购与招标工作中的廉政风险防范，无疑是基于我国政府采购法相关实体和程序规定展开的。因此，在本节，我们依据《政府采购法》《政府采购法实施条例》等法律法规及部门规章的规定，归纳了政府采购的含义和特征，介绍了政府采购的主要方式，列举了政府采购的主要当事人和其他参与主体，梳理了政府采购的基本程序，以便为后面的各个章节提供铺垫和支撑。

一、政府采购的含义和特征

(一)政府采购的含义

政府采购,也可称为公共采购。关于其含义,我国《政府采购法》第二条有直接规定:政府采购是指各级国家机关、事业单位和团体组织,使用财政性资金,采购依法制定的集中采购目录以内的或者采购限额标准以上的货物、工程和服务的行为。

(二)政府采购的特征

作为一项重要的财政活动,政府采购具有以下五个方面的重要特征:

第一,政府采购的资金来源为财政性资金。资金来源是判断某项采购活动是否属于政府采购的基本因素,只有资金来源的全部或部分为财政性资金,该采购活动方可被纳入政府采购范围,从而适用《政府采购法》。《政府采购法实施条例》第二条规定,"财政性资金是指纳入预算管理的资金"。该条还规定,以财政性资金作为还款来源的借贷资金,视同财政性资金;国家机关、事业单位和团体组织的采购项目既使用财政性资金又使用非财政性资金的,使用财政性资金采购的部分,适用《政府采购法》及《政府采购法实施条例》;财政性资金与非财政性资金无法分割采购的,统一适用《政府采购法》及《政府采购法实施条例》。在实践中，有的事业单位对于自有资金是否属于财政性资金把握不准确。为此，《财政部对十三届全国人大四次会议第8584号建议的答复》明确指出：公益性医院的财政补助收入以及事业收入、经营性收入和其他收入等"自有资金"，均应纳入部门预算管理。公益性医院凡使用纳入部门预算管理的资金开展的采购活动，无论资金来源，都应当执行政府采购规定。

第二，政府采购的主体是全部或部分依靠国家财政资金运转的国家机关、事业单位和团体组织。国家机关是指依法享有国家赋予的公共权力，具有独立的法人地位，以国家预算作为独立活动经费的各级机关。事业单位是指国家为了社会公益目的，由国家机关举办或者其他组织利用国有资产举办的，从事教育、科技、文化、卫生等活动的社会服务组织。团体组织是指我国公民自愿组成，为实现会员共同意愿，按照其章程开展活动的非营利性社会组织。

第三，政府采购的目的是给采购主体提供消费品或向社会提供公共产品，不具营利性。政府采购具有公共性，一方面是因为其资金来源具有公共性，另一方面是因为其采购目的也具有公共性。政府采购的目的主要是向国家机关、事业单位和团体组织提供必要的货物、工程或服务，以保证它们能够履行各自的职责。此外，政府采购也有可能是为了满足国家机关和社会团体向社会大众提供公共产品之需要。不同的政府采购项目，其目的可能有所不同，但无论何种政府采购，都需要牢固地把握其公共性，不能通过政府采购来实现私人利益。

第四，政府采购实行集中采购目录管理和采购限额标准管理。从前述关于"政府采购"的含义可以看出，即使是国家机关等使用财政性资金采购货物、工程和服务，也并非全部都要纳入政府采购的覆盖范围，因为作为受到严格规范约束的政府采购活动，其效率比不上自行采购，而且也存在监管成本的因素，因此，政府采购法仅覆盖那些采购金额比较大，或者能够纳入集中采购目录管理的采购项目。集中采购是相对于分散采购而言的，所谓集中采购，是指采购人将列入集中采购目录的项目委托集中采购机构代理采购或者进行部门集中采购的行为；所谓分散采购，是指采购人将采购限额标准以上的未列入集中采购目录的项目自行采购或者委托采购代理机构代理采购的行为。集中采购目录包括集中采购机构采购项目和部门集中采购项目。技术、服务等标准统一，采购人普遍使用的项目，列为集中采购机构采购项目；采购人本部门、本系统基于业务需要有特殊要求，可以统一采购的项目，列为部门集中采购项目。集中采购目录以外的产品、工程或服务，由采购主体根据法律法规规定实行采购限额标准管理，只有达到采购限额标准的采购项目，才纳入政府采购范围。政府采购限额标准的制定主体，根据采购项目的预算资金来源确定，对于属于中央预算的政府采购项目，采购限额标准由国务院制定并发布；对于属于地方预算的政府采购项目，采购限额标准由省、自治区、直辖市人民政府或者其授权的机构制定并发布。

第五，政府采购具有严格的规范性。政府采购使用财政性资金，以合同的形式来购买货物、工程或服务，必须通过法律予以严格约束，否则较易发生利益输送、贪腐、损公肥私、暗箱操作等情形。为保证政府采购活动的规范运行，国家制定了政府采购法律体系。政府采购法可以从广义和狭义两个层面理解。狭义的政府采购法仅指全国人大及其常委会制定的调整政府采购活动的基本立法文件，也即《政府采购法》。这部法律最初由第九届全国人大常委会于 2002 年 6 月 29 日通过，自 2003 年 1 月 1 日起施行。2014 年 8 月，第十二届全国人大常委会对《政府采购法》进行了修正。广义的政府采购法则指由法律、行政法规、部门规章和地方性法规等组成的多层次法律法规体系，除《政府采购法》外，还包括国务院发布的《政府采购法实施条例》，及财政部等中央政府部门发布的与政府采购有关的行政规章，同时，各省也制定了规范政府采购活动的地方立法和政府规章。政府采购法对政府采购的原则、采购方式、采购程序、救济程序以及法律责任等作出规定，构建起了周密的规范体系。所有的政府采购活动，都必须依法依规操作，采购主体及其他相关主体不仅要严格遵守实体性规定，也要切实遵从各项程序性规定。

二、政府采购的主要方式

我国《政府采购法》第二十六条列举了六种政府采购方式，包括：(1)公开招标；(2)邀请招标；(3)竞争性谈判；(4)单一来源采购；（5）询价；（6）国务院政府采购监督管理部门认定的其他采购方式。该条还明确规定，公开招标应作为政府采购的主要采购方式。上述第（6）项的列举是一个概括性规定，实际上授权国务院采购监督管理部门认定其他采购方式。在实践中，作为国务院采购监督管理部门的财政部认定了三种新型采购方式，即竞争性磋商采购方式、框架协议采购方式和合作创新采购方式。由此可知，我国法律法规规定的政府采购具体方式包括了八种。

（一）公开招标采购方式

这是政府采购的主要方式，也是政府采购法倾向首选的采购方式。能够使用公开招标方式的采购项目，被强制性要求选用公开招标方式；只有未达到相关标准要求，或者虽然达到相关标准要求但有特殊事由的采购项目，方可使用其他采购方式，而且，《政府采购法》第二十七条明确规定，因特殊情况需要采用公开招标以外的采购方式的，应当在采购活动开始前获得设区的市、自治州以上人民政府采购监督管理部门的批准。同时，《政府采购法》第二十八条还规定，采购人不得将应当以公开招标方式采购的货物或者服务化整为零或者以其他任何方式规避公开招标采购。政府采购使用公开招标方式时，在程序等方面应符合我国《招标投标法》的规定。

(二)邀请招标采购方式

邀请招标与公开招标不同,公开招标是由采购人向全国或某个地区的所有供应商发出招标公告,符合条件的所有供应商都可以投标,而邀请招标是由采购人从符合资格条件的供应商中,选择三家以上供应商,并向其发出招标邀请,只有受到邀请的供应商才能投标。邀请招标这种方式对投标人的范围有所选择和限制,因此不应成为一般性政府采购方式,故,《政府采购法》第二十九条规定了其适用条件:符合下列情形之一的货物或者服务,可以依照本法采用邀请招标方式采购:(一)具有特殊性,只能从有限范围的供应商处采购的;(二)采用公开招标方式的费用占政府采购项目总价值的比例过大的。政府采购工程时,即使不采用公开招标方式,也不宜采用邀请招标方式,而是应根据《政府采购法实施条例》第二十五条的规定,采用竞争性谈判或者单一来源采购方式采购。财政部制定的《政府采购竞争性磋商采购方式管理暂行办法》对此作出了更具体的规定,按照招标投标法及其实施条例必须进行招标的工程建设项目以外的工程建设项目,采用竞争性磋商采购方式。

(三)竞争性谈判采购方式

这种采购方式是由采购人就有关采购事项,如价格、技术规格、设计方案、服务要求等,与不少于三家供应商分别进行谈判，根据谈判结果，将最符合预先规定的成交标准的供应商选为成交供应商。与邀请招标的采购方式相比，竞争性谈判的评判标准较具弹性，因此，应更严格地限制其适用范围。

《政府采购法》第三十条规定，符合下列情形之一的货物或者服务，可以依法采用竞争性谈判方式采购：（一）招标后没有供应商投标或者没有合格标的或者重新招标未能成立的；（二）技术复杂或者性质特殊，不能确定详细规格或者具体要求的；（三）采用招标所需时间不能满足用户紧急需要的；（四）不能事先计算出价格总额的。《政府采购法实施条例》对于上述第（三）（四）项作出了进一步的限制性解释：第（三）项规定的情形，应当是采购人不可预见的或者非因采购人拖延导致的；第（四）项规定的情形，是指因采购艺术品或者因专利、专有技术或者因服务的时间、数量事先不能确定等导致不能事先计算出价格总额。

（四）单一来源采购方式

单一来源采购方式是指采购人向唯一供应商进行采购的采购方式。适用这种采购方式时，基本上不存在供应商之间的竞争，不能有效体现"公平竞争原则"，故，其适用范围应受到最严格的限制。《政府采购法》第三十一条规定，符合下列情形之一的货物或者服务，可以依法采用单一来源方式采购：（一）只能从唯一供应商处采购的；（二）发生了不可预见的紧急情况不能从其他供应商处采购的；（三）必须保证原有采购项目一致性或者服务配套的要求，需要继续从原供应商处添购，且添购资金总额不超过原合同采购金额百分之十的。

(五) 询价采购方式

这种采购方式仅考虑价格因素，要求采购人向三家以上供应商发出询价单，在符合采购需求且质量、服务等条件基本相同的前提下，选择报价最低的供应商为成交供应商。询价采购方式也属于政府采购中的特殊方式，《政府采购法》第三十二条规定了其适用条件：采购的货物规格、标准统一、现货货源充足且价格变化幅度小的政府采购项目，可以依法采用询价方式采购。当符合上述条件时，价格是选择供应商的唯一影响因素。询价采购方式具有程序简单、效率高等优点，对于符合条件的采购项目，采购人可首选这种采购方式。

(六) 竞争性磋商采购方式

竞争性磋商采购方式不是《政府采购法》具体列举的采购方式，而是在法律授权国务院政府采购监督管理部门认定其他采购方式的基础上，由财政部认定的一种新型政府采购方式。2014 年财政部印发了《政府采购竞争性磋商采购方式管理暂行办法》，对这种采购方式予以规范。

该办法规定，竞争性磋商采购方式，是指采购人、政府采购代理机构通过组建竞争性磋商小组(以下简称磋商小组)与符合条件的供应商就采购货物、工程和服务事宜进行磋商，供应商按照磋商文件的要求提交响应文件和报价，采购人从磋商小组评审后提出的候选供应商名单中确定成交供应商的采购方式。

该办法同时规定，符合下列情形的项目，可以采用竞争性磋商方式开展采购：（一）政府购买服务项目；（二）技术复杂或者性质特殊，不能确定详细规格或者具体要求的；（三）因艺术品采购、专利、专有技术或者服务的时间、数量事先不能确定等原因不能事先计算出价格总额的；（四）市场竞争不充分的科研项目，以及需要扶持的科技成果转化项目；（五）按照招标投标法及其实施条例必须进行招标的工程建设项目以外的工程建设项目。

表面上看，竞争性磋商与竞争性谈判差别不大，实践中某些采购人经常将二者混同，但其实它们之间存在显著的区别。前文已经揭示二者的含义和适用条件有所不同。此外，在评审方法和适用程序等方面还存在明显区别，尤其是二者在评审方法上的差异值得我们重视。竞争性磋商的评审方法是竞争性磋商小组所有成员集中与单个供应商分别进行磋商，在明确采购需求之后，要求所有参与供应商进行最终报价，最后按照磋商文件规定的各项评审因素进行量化指标评审，得分最高的供应商即为中标候选供应商。竞争性谈判的评审方法则是谈判小组所有成员集中与单个供应商分别进行谈判，在规定的时间内进行二轮报价以及最终报价，然后采购人从谈判小组提出的成交候选人中选出最符合采购需求、质量和服务相对等且报价最低的供应商作为成交供应商，并将最终结果告知所有参加谈判的未成交的供应商。

(七)框架协议采购方式

与竞争性磋商采购方式一样，框架协议采购方式也是财政部认定的新型政府采购方式。为认定此种采购方式，并对其予以规范，财政部于2021年印发了《政府采购框架协议采购方式管理暂行办法》。

根据该办法之规定，框架协议采购是指集中采购机构或者主管预算单位对技术、服务等标准明确、统一，需要多次重复采购的货物和服务，通过公开征集程序，确定第一阶段入围供应商并订立框架协议，采购人或者服务对象按照框架协议约定规则，在入围供应商范围内确定第二阶段成交供应商并订立采购合同的采购方式。

该办法同时规定，符合下列情形之一的，可以采用框架协议采购方式采购：(一)集中采购目录以内品目，以及与之配套的必要耗材、配件等，属于小额零星采购的；(二)集中采购目录以外，采购限额标准以上，本部门、本系统行政管理所需的法律、评估、会计、审计等鉴证咨询服务，属于小额零星采购的；(三)集中采购目录以外，采购限额标准以上，为本部门、本系统以外的服务对象提供服务的政府购买服务项目，需要确定2家以上供应商由服务对象自主选择的；(四)国务院财政部门规定的其他情形。

该办法还规定，框架协议采购包括封闭式框架协议采购和开放式框架协议采购。封闭式框架协议采购是指通过公开竞争订立框架协议后，除经过框架协议约定的补充征集程序外，不得增加协议供应商的框架协议采购，而开放式框架协议采购是指符合该办法规定的情形，明确采购需求和付费标准等框架协议条件，愿意接受协议条件的供应商可以随时申请加入的框架协议采购。封闭式框架协议采购是框架协议采购的主要形式。除法律、行政法规或者该办法另有规定外，框架协议采购应当采用封闭式框架协议采购。

(八) 合作创新采购方式

2024 年 4 月，财政部印发了《政府采购合作创新采购方式管理暂行办法》，认定了又一种新型政府采购方式，即合作创新采购方式。财政部认定这种采购方式，是为贯彻落实党中央、国务院关于加快实施创新驱动发展战略有关要求，支持应用科技创新。

合作创新采购是指采购人邀请供应商合作研发，共担研发风险，并按研发合同约定的数量或者金额购买研发成功的创新产品的采购方式。从采购流程看，这种采购方式可分为订购和首购两个阶段。订购是指采购人提出研发目标，与供应商合作研发创新产品并共担研发风险的活动。首购是指采购人对于研发成功的创新产品，按照研发合同约定采购一定数量或者一定金额相应产品的活动。可见，订购阶段的核心在于采购人与供应商订立研发合同，约定合作研发创新产品并共担研发风险，首购阶段的核心是采购人按研发合同约定采购研发出来的新产品。合作创新采购方式在促进创新产品研发上具有显著意义：第一，能够使采购人的需求与供应商的研发能力有效对接，实现优势互补；第二，能够有效降低供应商研发新产品的成本和风险，提升供应商从事新产品研发的动力；第三，能够保证研发出来的新产品获得实际使用的机会，并通过采购人的使用反馈不断提升新产品的品质。

《政府采购合作创新采购方式管理暂行办法》规定，采购项目符合国家科技和相关产业发展规划，有利于落实国家重大战略目标任务，并且具有下列情形之一的，可以采用合作创新采购方式采购：(一)市场现有产品或者技术不能满足要求，需要进行技术突破的；(二)以研发创新产品为基础，形成新范式或者新的解决方案，能够显著改善功能性能，明显提高绩效的；(三)国务院财政部门规定的其他情形。该办法同时规定，中央和省级(含计划单列市)主管预算单位对符合规定的采购项目，可以采用合作创新采购方式。中央和省级主管预算单位可以开展合作创新采购，也可以授权所属预算单位开展合作创新采购。设区的市级主管预算单位经省级主管部门批准，可以采用合作创新采购方式。

三、政府采购的主要当事人与其他参与主体

(一)政府采购的主要当事人

政府采购采用财政性资金,为公共目的而采购,在采购方式和程序等方面受到严格规范,因此,与民间买卖行为相比,政府采购的当事人较多,包括了采购人、供应商和采购代理机构等。

1.采购人。采购人是指依法进行政府采购的国家机关、事业单位、团体组织。采购人必须按照《政府采购法》规定的采购方式和采购程序进行采购。同时,任何单位和个人不得违反法律规定,要求采购人或者采购工作人员向其指定的供应商进行采购。

2.供应商。供应商是指向采购人提供货物、工程或者服务的法人、其他组织或者自然人。供应商与采购人是政府采购合同的双方当事人。《政府采购法》第二十二条规定了供应商的一般条件,包括:(一)具有独立承担民事责任的能力;(二)具有良好的商业信誉和健全的财务会计制度;(三)具有履行合同所必需的设备和专业技术能力;(四)有依法缴纳税收和社会保障资金的良好记录;(五)参加政府采购活动前三年内,在经营活动中没有重大违法记录;(六)法律、行政法规规定的其他条件。《政府采购法》还规定,采购人可以根据采购项目的特殊要求,规定供应商的特定条件,但不得以不合理的条件对

供应商实行差别待遇或者歧视待遇。政府采购中的供应商可以分为单一供应商和联合体供应商。单一供应商较为常见，联合体供应商相对少见。《政府采购法》规定，两个以上的自然人、法人或者其他组织可以组成一个联合体，以一个供应商的身份共同参加政府采购。以联合体形式进行政府采购的，参加联合体的供应商均应当具备法律规定的条件，并应当向采购人提交联合协议，载明联合体各方承担的工作和义务。联合体各方应当共同与采购人签订采购合同，就采购合同约定的事项对采购人承担连带责任。

3. 采购代理机构。政府采购活动是一项较为专业的活动，如果由采购人（或采购人委派的代表）直接与供应商互动进行政府采购，存在诸多困难，因为采购人（或其委派的代表）可能在政府采购法律知识、操作规程上以及在采购标的的具体业务知识上有所欠缺。故，政府采购有必要发挥采购代理机构的作用，由采购代理机构扮演采购人和供应商之间的中介主体。引入采购代理机构还有一项考虑，避免采购人（或其委派代表）与供应商之间存在不正当联络。采购代理机构有两种类型，一种是集中采购机构作为采购代理机构，另一种是集中采购机构以外的机构作为采购代理机构。设区的市、自治州以上人民政府根据本级政府采购项目组织集中采购的需要设立集中采购机构，其性质为非营利事业法人。采购人采购纳入集中采购目录的政府采购项目，必须委托集中采购机构代理采购；采购未纳入集中采购目录的政府采购项目，可以自行采购，也可以委托集中采购机构在委托的范围内代理采购。集中采购机构根据采购人的委托办理采购事宜,并应符合采购价格低于市场平均价格、采购效率更高、采购质量优良和服务良好的要求。采购人可以委托集中采购机构以外的采购代理机构,在委托的范围内办理政府采购事宜。采购人有权自行选择采购代理机构,任何单位和个人不得以任何方式为采购人指定采购代理机构。

(二)政府采购的其他参与主体

除当事人外,参与政府采购的其他主体主要有两类:一是评审专家;二是政府采购监督管理机构。

1.评审专家。评审专家是指具有某方面的专业知识或经验,受采购人或采购代理机构委托对参与政府采购的供应商的资质、条件进行评定,并作出评审结论的专业人士。《政府采购法》规定,除国务院财政部门规定的情形外,采购人或者采购代理机构应当从政府采购评审专家库中随机抽取评审专家。政府采购评审专家应按照采购文件规定的评审程序、评审方法和评审标准进行独立评审,应当遵守评审工作纪律,不得泄露评审文件、评审情况和评审中获悉的商业秘密。政府采购评审专家在评审过程中受到非法干预的,应当及时向财政、监察等部门举报。

2.政府采购监督管理机构。切实有效的监督管理是保证政府采购依法依规实施的重要因素,在政府采购的完整链条中不可或缺,因此政府采购监督管理机构也是政府采购的重要参与主体。我国《政府采购法》规定，各级人民政府财政部门是负责政府采购监督管理的部门，依法履行对政府采购活动的监督管理职责。各级人民政府其他有关部门依法履行与政府采购活动有关的监督管理职责。因此，政府采购监督管理机构主要是各级政府财政部门，同时也包括其他部门，如各级政府的发展改革部门也承担某些针对政府采购的监督管理职责。政府采购监督管理机构的核心职能是处理投诉。《政府采购法》规定，质疑供应商对采购人、采购代理机构的答复不满意或者采购人、采购代理机构未在规定的时间内作出答复的，可以在答复期满后十五个工作日内向同级政府采购监督管理部门投诉；政府采购监督管理部门应当在收到投诉后三十个工作日内，对投诉事项作出处理决定，并以书面形式通知投诉人和与投诉事项有关的当事人；政府采购监督管理部门在处理投诉事项期间，可以视具体情况书面通知采购人暂停采购活动，但暂停时间最长不得超过三十日。

四、政府采购的程序

(一) 采购项目预算的编制与审批

《政府采购法》第三十三条规定，负有编制部门预算职责的部门在编制下一财政年度部门预算时，应当将该财政年度政府采购的项目及资金预算列出，报本级财政部门汇总。部门预算的审批，按预算管理权限和程序进行。《政府采购法实施条例》还规定，采购人应当根据集中采购目录、采购限额标准和已批复的部门预算编制政府采购实施计划，报本级人民政府财政部门备案。同时，采购人或者采购代理机构应当在招标文件、谈判文件、询价通知书中公开采购项目预算金额。

（二）选用合适的采购方式选定供应商

政府采购项目预算获批后，就进入政府采购的具体实施阶段。首要的环节就是根据法律规定并结合采购项目的具体情形，确定采购方式，并根据各个采购方式的程序要求，选定供应商。

1.公开招标采购的程序。公开招标采购是《政府采购法》规定的首选采购方式，因为适用这种采购方式，竞争性最强，最能体现公开、公平、公正原则。公开招标采购既有可能适用《政府采购法》，也有可能适用《招标投标法》，比较而言，《招标投标法》关于公开招标程序的规定比《政府采购法》的规定更为详明，而且达到法定条件的公开招标应遵守《招标投标法》规定的程序，我们在本章第二节聚焦工程招标投标介绍《招标投标法》的重要内容，此处暂不详述。

2.邀请招标采购的程序。首先值得注意的是，《政府采购法》将公开招标列为首选采购方式，故，对采购人选择采购方式作出了"应招尽招，改方式须报批"的约束。财政部制定的《政府采购非招标采购方式管理办法》（财政部令第74号）第四条规定，达到公开招标数额标准的货物、服务采购项目，拟采用非招标采购方式的，采购人应当在采购活动开始前，报经主管预算单位同意后，向设区的市、自治州以上人民政府财政部门申请批准。财政部制定的《中央预算单位变更政府采购方式审批管理办法》针对中央预算单位作出了更具体的规定："中央预算单位达到公开招标数额标准的货物、服务采购项目，需要采用公开招标以外采购方式的，应当在采购活动开始前，按照本办法规定申请变更政府采购方式。本办法所称公开招标以外的采购方式，是指邀请招标、竞争性谈判、竞争性磋商、单一来源采购、询价以及财政部认定的其他采购方式。"因此，对于教育部直属高校而言，达到公开招标数额标准的货物、服务采购项目，拟采用其他采购方式的，采购人应当在采购活动开始前，向教育部和财政部申请同意或批准。事先报批程序适用于公开招标以外的所有方式，包括邀请招标方式。本书在此处介绍这一程序内容后，在后文介绍其他采购方式的程序时，不再赘述。

对货物或者服务项目采取邀请招标方式采购的，采购人应当从符合相应资格条件的供应商中，通过随机方式选择三家及以上的供应商，并向其发出投标邀请书。货物和服务项目实行招标方式采购的，自招标文件开始发出之日至投标人提交投标文件截止之日，不得少于二十日。在招标采购中，出现下列情形之一的，应予废标：符合专业条件的供应商或者对招标文件作出实质响应的供应商不足三家的；出现影响采购公正的违法、违规行为的；投标人的报价均超过了采购预算，采购人不能支付的；因重大变故，采购任务取消的。废标后，采购人应当将废标理由通知所有投标人。废标后，除采购任务取消外，应当重新组织招标；需要采取其他方式采购的，应当在采购活动开始前获得设区的市、自治州以上人民政府采购监督管理部门或者政府有关部门的批准。

3. 竞争性谈判采购的程序。采用竞争性谈判方式采购的，应当遵循下列程序：

(1)成立谈判小组。谈判小组由采购人的代表和有关专家共三人及以上的单数组成，其中专家的人数不得少于成员总数的三分之二。

(2)制定谈判文件。谈判文件应当明确谈判程序、谈判内容、合同草案的条款及评定成交的标准等事项。

(3)确定邀请参加谈判的供应商名单。谈判小组从符合相应资格条件的供应商名单中确定不少于三家的供应商参加谈判，并向其提供谈判文件。

(4)谈判。谈判小组所有成员集中与单一供应商分别进行谈判。在谈判中，谈判的任何一方不得透露与谈判有关的其他供应商的技术资料、价格和其他信息。谈判文件有实质性变动的，谈判小组应当以书面形式通知所有参加谈判的供应商。

(5)确定成交供应商。谈判结束后，谈判小组应当要求所有参加谈判的供应商在规定时间内进行最后报价，采购人从谈判小组提出的成交候选人中根据符合采购需求、质量和服务相等且报价最低的原则确定成交供应商，并将结果通知所有参加谈判的未成交的供应商。

4.单一来源采购的程序。采取单一来源方式采购的，采购人与供应商应当遵循《政府采购法》规定的原则，在保证采购项目质量和双方商定合理价格的基础上进行采购。

5.询价采购的程序。采用询价采购方式时，应当遵循下列程序：

（1）成立询价小组。询价小组由采购人的代表和有关专家共三人及以上的单数组成，其中专家的人数不得少于成员总数的三分之二。询价小组应当对采购项目的价格构成和评定成交的标准等事项作出规定。

（2）确定被询价的供应商名单。询价小组根据采购需求，从符合相应资格条件的供应商名单中确定不少于三家的供应商，并向其发出询价通知书让其报价。

（3）询价。询价小组要求被询价的供应商一次报出不得更改的价格。

（4）确定成交供应商。采购人根据符合采购需求、质量和服务相等且报价最低的原则确定成交供应商，并将结果通知所有被询价的未成交的供应商。

6.竞争性磋商采购的程序。采用竞争性磋商采购方式的，应遵循以下程序：

（1）确定邀请对象并发出邀请。采购人和采购代理机构可以采取三种方式确定拟邀请的供应商。一是公告邀请，采购人、采购代理机构应当在省级以上人民政府财政部门指定的政府采购信息发布媒体发布竞争性磋商公告；二是从供应商库中随机抽取，具体来说，是由采购人、采购代理机构从省级以上财政部门建立的供应商库中随机抽取不少于三名拟邀请对象，并发出邀请；三是评审专家书面推荐，由评审专家分别提出书面推荐名单，并由采购人、采购代理机构发出邀请。

（2）获取竞争性磋商文件。竞争性磋商文件（以下简称磋商文件）应当根据采购项目的特点和采购人的实际需求制定，并经采购人书面同意。磋商文件应当包括供应商资格条件、采购邀请、采购方式、采购预算、采购需求、政府采购政策要求、评审程序、评审方法、评审标准、价格构成或者报价要求、响应文件编制要求、保证金交纳数额和形式以及不予退还保证金的情形、磋商过程中可能实质性变动的内容、响应文件提交的截止时间、开启时间及地点以及合同草案条款等。采购人应当以满足实际需求为原则，不得擅自提高经费预算和资产配置等采购标准。磋商文件不得要求或者标明供应商名称或者特定货物的品牌，不得含有指向特定供应商的技术、服务等条件。提交首次响应文件截止之日前，采购人、采购代理机构或者磋商小组可以对已发出的磋商文件进行必要的澄清或者修改，澄清或者修改的内容作为磋商文件的组成部分。

（3）供应商作出响应。供应商应当按照磋商文件的要求编制响应文件，并对其提交的响应文件的真实性、合法性承担法律责任。采购人、采购代理机构可以要求供应商在提交响应文件截止时间之前交纳磋商保证金。供应商应当在磋商文件要求的截止时间前，将响应文件密封送达指定地点。在截止时间后送达的响应文件为无效文件，采购人、采购代理机构或者磋商小组应当拒收。供应商在提交响应文件截止时间前，可以对所提交的响应文件进行补充、修改或者撤回，并书面通知采购人、采购代理机构。补充、修改的内容作为响应文件的组成部分。补充、修改的内容与响应文件不一致的，以补充、修改的内容为准。

（4）组成磋商小组进行磋商。磋商小组由采购人代表和评审专家共三人以上单数组成，其中评审专家人数不得少于磋商小组成员总数的三分之二。采用竞争性磋商方式的政府采购项目，评审专家应当从政府采购评审专家库内相关专业的专家名单中随机抽取。采用竞争性磋商方式的政府采购项目，评审专家应当从政府采购评审专家库内相关专业的专家名单中随机抽取。磋商小组成员应当按照客观、公正、审慎的原则，根据磋商文件规定的评审程序、评审方法和评审标准进行独立评审。磋商小组所有成员应当集中与单一供应商分别进行磋商，并给予所有参加磋商的供应商平等的磋商机会。磋商文件能够详细列明采购标的的技术、服务要求的，磋商结束后，磋商小组应当要求所有实质性响应的供应商在规定时间内提交最后报价，提交最后报价的供应商不得少于三家。磋商文件不能详细列明采购标的的技术、服务要求，需经磋商由供应商提供最终设计方案或解决方案的，磋商结束后，磋商小组应当按照少数服从多数的原则投票推荐三家以上供应商的设计方案或者解决方案,并要求其在规定时间内提交最后报价。经磋商确定最终采购需求和提交最后报价的供应商后,由磋商小组采用综合评分法对提交最后报价的供应商的响应文件和最后报价进行综合评分。

(5)确定成交供应商。磋商小组应当根据综合评分情况,按照评审得分由高到低顺序推荐三名以上成交候选供应商,并编写评审报告。采购代理机构应当在评审结束后两个工作日内将评审报告送采购人确认。采购人应当在收到评审报告后五个工作日内,从评审报告提出的成交候选供应商中,按照排序由高到低的原则确定成交供应商,也可以书面授权磋商小组直接确定成交供应商。

7. 框架协议采购的程序。采取框架协议方式采购的,应当严格按照两阶段进行框架协议订立和合同签订。在第一阶段确定入围供应商并订立框架协议,在第二阶段按照框架协议约定规则与入围供应商订立采购合同。其中,确定第一阶段入围供应商的程序主要包括:(1)征集人发布征集公告;(2)征集人编制征集文件;(3)供应商根据征集文件的要求编制响应文件;(4)确定入围供应商,可选用价格优先法和质量优先法,确定第一阶段入围供应商时,提交响应文件和符合资格条件、实质性要求的供应商应当均不少于两家,淘汰比例一般不得低于20%,且至少淘汰一家供应商。采用质量优先法的检测、实验等仪器设备采购,淘汰比例不得低于40%,且至少淘汰一家供应商;(5)发布入围公告,向入围对象发出入围通知书。

8.创新合作采购的程序。采用创新合作采购方式的,应遵循以下程序:

(1)制定采购方案。采购人开展合作创新采购前,应当制定采购方案。采购人应当对采购方案的科学性、可行性、合规性等开展咨询论证,并按照《政府采购需求管理办法》有关规定履行内部审查、核准程序后实施。

(2)发布创新合作采购项目信息。采购人应当按照政府采购有关规定,在省级以上人民政府财政部门指定的媒体上及时发布合作创新采购项目信息,包括采购意向、采购公告、研发谈判文件、成交结果、研发合同、首购协议等。

(3)组建谈判小组。从事创新合作采购的采购人应当组建谈判小组,谈判小组由采购人代表和评审专家共五人以上单数组成,评审专家中应当包含一名法律专家和一名经济专家。谈判小组负责供应商资格审查、创新概念交流、研发竞争谈判、研发中期谈判和首购评审等工作。

(4)邀请并确定参与谈判的供应商。采购人应当发布合作创新采购公告邀请供应商,但受基础设施、行政许可、确需使用不可替代的知识产权或者专有技术等限制,只能从有限范围或者唯一供应商处采购的,采购人可以直接向所有符合条件的供应商发出合作创新采购邀请书。谈判小组依法对供应商的资格进行审查。提交申请文件或者通过资格审查的供应商只有两家或者一家的,可以按照规定继续开展采购活动。

(5)开展创新概念交流并形成研发谈判文件。谈判小组集中与所有通过资格审查的供应商共同进行创新概念交流，交流内容包括创新产品的最低研发目标、最高研发费用、应用场景及采购方案的其他相关内容。采购人根据创新概念交流结果，形成研发谈判文件。

（6）供应商进行响应。采购人应当向所有参与创新概念交流的供应商提供研发谈判文件，邀请其参与研发竞争谈判。供应商应当根据研发谈判文件编制响应文件，对研发谈判文件的要求作出实质性响应。

（7）开展谈判形成正式谈判文件。谈判小组集中与单一供应商分别进行谈判，对相关内容进行细化调整。谈判结束后，谈判小组根据谈判结果，确定最终的谈判文件，并以书面形式同时通知所有参加谈判的供应商。

（8）确定研发供应商。供应商收到最终谈判文件后，应按要求提交最终响应文件，提交最终响应文件的供应商只有两家或者一家的，可以按照规定继续开展采购活动。谈判小组对响应文件满足研发谈判文件全部实质性要求的供应商开展评审，按照评审得分从高到低排序，推荐成交候选人。采购人根据谈判文件规定的研发供应商数量和谈判小组推荐的成交候选人顺序，确定研发供应商，也可以书面授权谈判小组直接确定研发供应商。研发供应商数量最多不得超过三家。成交候选人数量少于谈判文件规定的研发供应商数量的，采购人可以确定所有成交候选人为研发供应商，也可以重新开展政府采购活动。

(三)订立采购合同

采购人与中标(成交)供应商应在中标(成交)通知书发出之日起 30 日内,按照招标文件(谈判文件、询价通知书)和中标人投标文件(成交供应商响应文件)确定的事项签订政府采购合同。此类合同应包括如下必要条款:当事人的名称或者姓名;住所;标的;数量、质量、价款或者报酬;履行期限、地点、方式;解决争议的方法;违约责任。所签订的合同不得对采购文件确定的事项作实质性修改,采购人不得向中标(成交)供应商提出超出采购文件以外的任何要求作为签订合同的条件,不得与中标(成交)供应商订立背离采购文件确定的合同文本以及采购标的、规格型号、采购金额、采购数量、技术和服务要求等实质性内容的协议。

在使用创新合作采购方式时,采购人与研发供应商要签订研发合同,约定双方在研发及后续首购过程中的权利义务。

(四)履行采购合同

采购合同的履行主要包括两方面的内容:(1)供应商按合同约定交付货物或提供服务,或交付已完成并经竣工验收的工程;(2)采购人向供应商支付货款、费用或报酬。

在采用创新合作采购方式的情形下,履行研发合同的程序较为复杂,其核心在于按照合同约定开展创新产品首购。只有一家研发供应商研制的创新产品通过验收的,采购人直接确定其为首购产品。有两家以上研发供应商研制的创新产品通过验收的，采购人应当组织谈判小组评审，根据研发合同约定的评审标准确定一家研发供应商的创新产品为首购产品。采购人应当在确定首购产品后十个工作日内在省级以上人民政府财政部门指定的媒体上发布首购产品信息，并按照研发合同约定的创新产品首购数量或者金额，与首购产品供应商签订创新产品首购协议。此外，履行研发合同可能还涉及首购创新产品的迭代升级服务。

（五）妥善保管采购文件资料

采购人、采购代理机构应当妥善保存政府采购项目中所有采购文件，不得伪造、变造、隐匿或者销毁采购文件。采购文件的保存期限为从采购结束之日起至少十五年。采购文件包括采购活动记录、采购预算、招标文件、投标文件、评标标准、评估报告、定标文件、合同文本、验收证明、质疑答复、投诉处理决定及其他有关资料。

采购活动记录至少应当包括下列内容：采购项目类别、名称；采购项目预算、资金构成和合同价格；采购方式，采用公开招标以外的采购方式的，应当载明原因；邀请和选择供应商的条件及原因；评标标准及确定中标人的原因；废标的原因；采用招标以外采购方式的相应记载。

第二节

工程招标投标及其法律规定

导语

　　我国的《政府采购法》与《招标投标法》在一定范围内具有平行关系，政府采购虽然包含了货物、工程与服务三大类，但工程类采购项目如果符合强制招标标准的，应主要适用《招标投标法》。因此，有必要专门介绍工程招标投标及其法律规定。工程建设主体在招标时既要遵守《招标投标法》的实体规定，也要严格遵守《招标投标法》的程序性规定。

一、招标投标的含义与基本方式

(一)招标投标的含义

　　招标与投标属于一个事物的两个方面，相互依存，紧密联动。本质上讲，招标与投标是订立合同、达成交易的特殊方式。在这种交易方式下，通常由工程、货物或者服务的采购方作为招标方，通过发布招标公告或者向一定数量的特定供应商、承包商发出投标邀请书等方式，发出招标采购的信息，提出招标采购条件，由各有意提供采购所需货物、服务或者承担采购所需工程建设的供应商、承包商作为投标方，向招标方书面提出响应招标要求的条件，参加投标竞争。再由招标方按照规定的程序从众多投标人中择优选定中标人，并与其签订采购合同。从合同订立角度看，招标投标过程引入了竞争机制，招标人从多个投标人中选择一个或一个以上的主体作为交易对象，双方将在招标与投标过程中商定的条件作为合同的核心条款。招标人发布招标公告属于要约邀请，投标人提交投标文件属于要约，而招标人经评审确定中标人并发出中标通知则属于承诺。当然，招标与投标行为的主体及其权利义务有显著不同，因此，可以将它们二者作相对独立的解释。所谓招标，是指招标人为某项工程建设或其他交易项目，邀请愿意承包或交易的厂商提出交易条件，以从中选择承包者或交易者的行为。所谓投标，是指经招标人审查获得投标资格的投标人，按照招标条件和自己的能力，在规定的期限内向招标人提交投标书，并争取中标获得工程承建权或其他交易机会的行为。

通过招标投标来选择交易对象并达成协议，是国际上通行的市场操作。它最大的优点在于通过引入竞争机制来保证招标人物色到相对而言最有履约能力的交易对象，并且以较优惠的条件来达成协议。在西方发达国家，很早就开始使用招标投标方法。最早实行招投标制度的是英国，早在18世纪英国政府就制定了有关政府部门公用品招标采购的法律。澳大利亚、美国、意大利、瑞士等国纷纷于 20 世纪引入政府采购和招标投标制度。我国的招标投标起步较晚。水利水电系统是我国建设领域最早引入招投标机制的行业。1984 年，我国利用世界银行贷款，首次按照国际惯例对引水系统工程实行国际招标建设鲁布革水电站。其后，国内投资的水利水电工程也全面推行了招标投标制。在改革开放不断深入的背景下，我国商品经济和市场经济迅速发展，符合市场经济法则的招标投标制度的适用面也不断扩展。招标投标活动不仅在建设工程发包、机电设备进口、成套设备、利用国外贷款方面得到较广泛的应用，而且还适用于某些科研项目、政府采购货物或服务等领域。建立和实行招标投标制度，能够为采购者带来经济、有质量的工程、货物或服务。在政府及公共领域推行招标投标制度，有利于节约国有资金，提高采购质量。从我国近年招标投标工作的实践看，这种采购方式对约束交易者行为，创造公平竞争的市场环境，保障国有资金有效使用，都起到了积极的作用。

　　随着招标投标活动在我国的迅速扩展和普及，我国也制定了一系列法律法规来予以规范。其中，处于基础和核心地位的立法文件是 1999 年由全国人大常委会制定的《中华人民共和国招标投标法》（2017 年修订）。为有效实施该立法文件，国务院于 2011 年制定了《中华人民共和国招标投标法实施条例》（2017 年、2018 年和 2019 年作了修订），这也是招标投标领域的重要法律文件。

(二)招标的基本方式

根据我国《招标投标法》的规定，招标有公开招标和邀请招标两种基本方式。

公开招标是指招标人以招标公告的方式邀请不特定的法人或者其他组织投标，邀请招标则是指招标人以投标邀请书的方式邀请特定的法人或者其他组织投标。

从我国《招标投标法》的规定看，应以公开招标为首选方式，邀请招标则属于例外方式。能够实施公开招标的，应尽量实施公开招标，只有不适合采用公开招标方式的，方可采用邀请招标方式。《招标投标法》第十一条规定，国务院发展计划部门确定的国家重点项目和省、自治区、直辖市人民政府确定的地方重点项目不适宜公开招标的，经国务院发展计划部门或者省、自治区、直辖市人民政府批准，可以进行邀请招标。《招标投标法实施条例》第八条规定，国有资金占控股或者主导地位的依法必须进行招标的项目，应当公开招标；但有下列情形之一的，可以邀请招标：(一)技术复杂、有特殊要求或者受自然环境限制，只有少量潜在投标人可供选择；(二)采用公开招标方式的费用占项目合同金额的比例过大。

二、工程招标投标的含义及其适用法律

(一) 工程招标投标的含义

我国《招标投标法》第三条规定，在中华人民共和国境内进行下列工程建设项目包括项目的勘察、设计、施工、监理以及与工程建设有关的重要设备、材料等的采购，必须进行招标：(一)大型基础设施、公用事业等关系社会公共利益、公众安全的项目；(二)全部或者部分使用国有资金投资或者国家融资的项目；(三)使用国际组织或者外国政府贷款、援助资金的项目。由此可见，工程建设项目是《招标投标法》重点适用对象，规范好工程建设项目的招标投标对于实现该法立法目标具有核心意义。

工程建设项目的招标投标可以简称为工程招标投标。要准确理解工程招标投标，必须首先准确把握工程建设项目的含义。依据《招标投标法实施条例》第二条的规定，工程建设项目，是指工程以及与工程建设有关的货物、服务。工程，是指建设工程，包括建筑物和构筑物的新建、改建、扩建及其相关的装修、拆除、修缮等；与工程建设有关的货物，是指构成工程不可分割的组成部分，且为实现工程基本功能所必需的设备、材料等；所称与工程建设有关的服务，是指为完成工程所需的勘察、设计、监理等服务。

(二) 工程招标投标的适用法律

我国《招标投标法》第三条实际上列举了必须招标的项目类型。这些项目类型主要包括三类：

一是大型基础设施、公用事业等关系社会公共利益、公众安全的项目。具体而言，所谓基础设施，是指为国民经济生产过程提供的基本条件，一般指硬件，通常包括能源、交通运输、邮电通信、水利、城市设施、环境与资源保护设施等。所谓公用事业，是指为适应生产和生活需要而提供的具有公共用途的服务，如供水、供电、供气、教育、科技、文化、卫生、体育等。按照上述条款规定，对于大型基础设施和公用事业项目，不论其建设资金来源为何，都必须按照《招标投标法》规定进行招标投标。

二是全部或部分使用国有资金投资或者国家融资的项目。具体包括：使用各级政府的财政拨款建设的项目；使用纳入财政预算管理的各种政府性基金建设的项目；使用国家政策性银行贷款建设的项目；使用国家通过发行国债或向外国政府、国际金融机构举借主权外债等方式融资取得资金建设的项目；等等。

三是使用国际组织或者外国政府贷款、援助资金的项目。改革开放以来，为多方筹集资金加快国内建设，我国有一些建设项目使用了国际组织或者外国政府贷款、援助资金，例如，来自世界银行、亚洲开放银行、日本海外经济协力基金、科威特阿拉伯经济发展基金会等国际金融组织或外国政府的贷款和援助资金。这些国际金融组织和外国政府在提供贷款或援助资金时，普遍要求项目实施招标，我国在与这些国际金融组织或外国政府签订的相关协议中，也认可对方提出的实施招标的要求。另外，这些贷款通常由国家统借统还，或者由国家财政承担还款保证责任，因此，这类国际金融组织和外国政府贷款，在性质上应视同国有资金。这类项目与使用国有资金投资或者国家融资的建设项目一样，也应纳入必须进行招标的范围，适用我国《招标投标法》的规定。

我国《招标投标法》在列举必须实行招标的项目类型时，实际上作了概括性规定，执行中还必须明确各类项目的具体范围和规模标准。由于各类项目情形不一致，并且随着经济发展还会有所变化，各类项目的具体范围和规模标准也需要适时调整，不宜在法律中作出具体明确的规定。因此，《招标投标法》第二条第二款规定，前款所列项目的具体范围和规模标准，由国务院发展计划部门会同国务院有关部门制订，报国务院批准；该条第三款规定，法律或者国务院对必须进行招标的其他项目的范围有规定的，依照其规定。这表明，即使属于《招标投标法》第二条第一款规定的工程建设项目类型，也并非必须要根据《招标投标法》实行招标投标，也就是说，工程建设项目适用《招标投标法》的前提，不仅要符合法律列举的项目类型，而且要达到法律法规规定的具体范围和规模标准等要求。只有既符合类型要求又符合范围及规模标准的工程建设项目，才适用《招标投标法》，否则可以不实行招标投标，或者采取其他竞争性方式发包。

在我国，《招标投标法》与《政府采购法》的关系较为复杂，有人说它们是一般法与特殊法的关系，也有人认为二者是平行并存关系。共识性意见认为，这两部法律存在分工合作关系。从政府采购的本来含义看，采购标的范围应覆盖工程、货物及服务，但《政府采购法》的规范范围并未对工程、货物及服务实行全覆盖。《政府采购法》第四条规定，政府采购工程进行招标投标的，适用招标投标法。《政府采购法实施条例》第七条明确规定：政府采购工程以及与工程建设有关的货物、服务，采用招标方式采购的，适用《中华人民共和国招标投标法》及其实施条例；采用其他方式采购的，适用政府采购法及本条例。从这两个法律条文可知，《政府采购法》与《招标投标法》的分工为：（1）不涉及工程建设项目的货物、服务的采购，达到《政府采购法》等法律法规规定的标准的，应依据《政府采购法》实施采购；（2）政府部门、事业单位等使用财政性资金进行工程建设项目以及与工程建设有关的货物、服务的采购，则在适用法律上存在三种可能：达到必须招标的条件的，适用《招标投标法》；未达到必须招标条件，但应按照《政府采购法》规定实施采购的，适用《政府采购法》；因为采购项目规模偏小等原因，既不适用《招标投标法》也不适用《政府采购法》，而是由采购人自行灵活采购。

《招标投标法实施条例》第三条规定，依法必须进行招标的工程建设项目的具体范围和规模标准，由国务院发展改革部门会同国务院有关部门制订，报国务院批准后公布施行。2018年，经国务院批准，国家发改委发布了《必须招标的工程项目规定》，对必须招标的工程项目的具体范围和规模标准进行了明确规定。其第二条规定，全部或者部分使用国有资金投资或者国家融资的项目包括：（一）使用预算资金 200 万元人民币以上，并且该资金占投资额 10% 以上的项目；（二）使用国有企业事业单位资金，并且该资金占控股或者主导地位的项目。其第三条规定，使用国际组织或者外国政府贷款、援助资金的项目包括：（一）使用世界银行、亚洲开发银行等国际组织贷款、援助资金的项目；（二）使用外国政府及其机构贷款、援助资金的项目。

　　关于《招标投标法》第三条第一款所指"大型基础设施、公用事业等关系社会公共利益、公众安全的项目"的范围，在《必须招标的工程项目规定》中未具体明确，仅规定：不属于本规定第二条、第三条规定情形的大型基础设施、公用事业等关系社会公共利益、公众安全的项目，必须招标的具体范围由国务院发展改革部门会同国务院有关部门按照确有必要、严格限定的原则制订，报国务院批准。同年，国家发改委经国务院批准出台了《必须招标的基础设施和公用事业项目范围规定》，对必须招标的大型基础设施、公用事业等关系社会公共利益、公众安全的项目的具体范围予以明确。《必须招标的工程项目规定》第五条规定，上述规定范围内的项目，其勘察、设计、施工、监理以及与工程建设有关的重要设备、材料等的采购达到下列标准之一的，必须招标：（一）施工单项合同估算价在 400 万元人民币以上；（二）重要设备、材料等货物的采购，单项合同估算价在 200 万元人民币以上；（三）勘察、设计、监理等服务的采购，单项合同估算价在 100 万元人民币以上。

有必要指出的是，依据《政府采购法》的规定，公开招标是政府采购的主要方式。可见，政府采购即使是涉及与工程建设无关的货物与服务，也应首选公开招标方式，只不过，在这些情形下实施招标投标，应主要依据《政府采购法》及《政府采购法实施条例》。财政部还颁布了《政府采购货物与服务招标投标管理办法》（财政部令第 87 号），对运用招标投标方式采购货物与服务进行了具体规定。

（三）工程项目可不招标的情形

在考虑工程建设项目适用法律的时候，我们还必须注意到一些例外情形。招标投标有很多积极功能，但并非适用于所有工程项目。"公开"是实施招标投标的基本原则之一，要实施招标投标，就必须将与项目有关的信息予以公开，而在某些特定情形下，项目信息却不宜公开。此外，还有一些具体情形，也不宜实行招标投标。因此，法律规定了一些可不招标的例外情形。

《招标投标法》第六十六条规定，涉及国家安全、国家秘密、抢险救灾或者属于利用扶贫资金实行以工代赈、需要使用农民工等特殊情况，不适宜进行招标的项目，按照国家有关规定可以不进行招标。《招标投标法实施条例》第九条进一步规定，除招标投标法第六十六条规定的可以不进行招标的特殊情况外，有下列情形之一的，可以不进行招标：（一）需要采用不可替代的专利或者专有技术；（二）采购人依法能够自行建设、生产或者提供；（三）已通过招标方式选定的特许经营项目投资人依法能够自行建设、生产或者提供；（四）需要向原中标人采购工程、货物或者服务，否则将影响施工或者功能配套要求；（五）国家规定的其他特殊情形。

在上述基础上，国家发改委等七部门制定的《工程建设项目施工招标投标办法》第十二条对可不招标的工程建设项目范围进行了更具体地列举：依法必须进行施工招标的工程建设项目有下列情形之一的，可以不进行施工招标：（一）涉及国家安全、国家秘密、抢险救灾或者属于利用扶贫资金实行以工代赈需要使用农民工等特殊情况，不适宜进行招标；（二）施工主要技术采用不可替代的专利或者专有技术；（三）已通过招标方式选定的特许经营项目投资人依法能够自行建设；（四）采购人依法能够自行建设；（五）在建工程追加的附属小型工程或者主体加层工程，原中标人仍具备承包能力，并且其他人承担将影响施工或者功能配套要求；（六）国家规定的其他情形。

三、工程招标投标的基本原则

我国《招标投标法》第五条规定："招标投标活动应当遵循公开、公平、公正和诚实信用的原则。"前文已介绍，工程招标投标是《招标投标法》的核心规范对象，因此，工程建设项目实施招标投标也必须贯彻公开、公平、公正和诚实信用的原则。有必要指出的是，我国《政府采购法》第三条规定："政府采购应当遵循公开透明原则、公平竞争原则、公正原则和诚实信用原则。"其核心内容与《招标投标法》所规定的基本原则大体相同。本书考虑到招标投标更需要强调这些原则，也更能体现这些原则，因此在本节介绍这四大原则，而在关于《政府采购法》的基本介绍中略过了政府采购法基本原则。

(一) 公开原则

公开原则，首先要求招标信息公开。例如，《招标投标法》规定，依法必须进行招标的项目的招标公告，应当通过国家指定的报刊、信息网络或者其他媒介发布。无论是招标公告、资格预审公告还是投标邀请书，都应当载明招标人的名称和地址、招标项目的性质、数量、实施地点和时间以及获取招标文件的办法等事项。

其次，公开原则还要求招标投标过程公开。例如，《招标投标法》规定，开标时招标人应当邀请所有投标人参加，招标人在招标文件要求提交截止时间前收到的所有投标文件，开标时都应当当众予以拆封、宣读。中标人确定后，招标人应当在向中标人发出中标通知书的同时，将中标结果通知所有未中标的投标人。

(二)公平原则

在工程招标投标领域，公平原则也是一项重要原则。公平原则，要求给予所有投标人平等的机会，使其享有同等的权利，履行同等的义务。《招标投标法》第六条明确规定："依法必须进行招标的项目，其招标投标活动不受地区或者部门的限制。任何单位和个人不得违法限制或者排斥本地区、本系统以外的法人或者其他组织参加投标，不得以任何方式非法干涉招标投标活动。"

(三)公正原则

公正原则，要求招标人在招标投标活动中按照统一的标准衡量每一个投标人的优劣。进行资格审查时，招标人应当按照资格预审文件或招标文件中载明的资格审查的条件、标准和方法对潜在投标人或者投标人进行资格审查，不得改变载明的条件或者以没有载明的资格条件进行资格审查。《招标投标法》还规定评标委员会应当按照招标文件确定的评标标准和方法，对投标文件进行评审和比较。评标委员会成员应当客观、公正地履行职务，遵守职业道德。

（四）诚实信用原则

诚实信用原则，是民事活动应当遵循的一项重要基本原则。我国《民法典》第七条规定："民事主体从事民事活动，应当遵循诚信原则，秉持诚实，恪守承诺。"《民法典》第五百零九条也明确规定："当事人应当遵循诚信原则，根据合同的性质、目的和交易习惯履行通知、协助、保密等义务。"

招标投标活动作为订立合同的一种特殊方式，同样应当遵循诚实信用原则。例如，在招标过程中，招标人不得发布虚假的招标信息，不得擅自终止招标。在投标过程中，投标人不得以他人名义投标，不得与招标人或其他投标人串通投标。中标通知书发出后，招标人不得擅自改变中标结果，中标人不得擅自放弃中标项目。

四、工程招标的基本条件与投标资格审查

（一）招标的基本条件

工程招标投标活动一旦启动，牵涉面甚广，因此必须规定工程招标的基本条件。《招标投标法》第九条规定，招标项目按照国家有关规定需要履行项目审批手续的，应当先履行审批手续，取得批准；招标人应当有进行招标项目的相应资金或者资金来源已经落实，并应当在招标文件中如实载明。《工程建设项目施工招标投标办法》第八条规定，依法必须招标的工程

建设项目，应当具备下列条件才能进行施工招标：(一)招标人已经依法成立；(二)初步设计及概算应当履行审批手续的，已经批准；(三)有相应资金或资金来源已经落实；(四)有招标所需的设计图纸及技术资料。综合起来看，招标的基本条件有二：一是审批；二是资金。

关于审批，首先必须明确，并非所有的招标项目都需要先完成审批—批准程序，只有那些按照国家法律法规规定需要履行审批手续的项目，才应当先履行审批手续，取得批准后，才能够进行招标。不过，《招标投标法》第三条第一款列举的三类必须招标的项目，很多都需要先履行审批手续。审批的主要内容包括：立项(可行性)审批；投资规模审批；资金来源审批；安全性审批；环境保护审批；等等。

满足资金条件也很重要，这既涉及招标人招标项目的成败，也涉及投标人的利益。资金是开展项目建设最关键的基础性条件，没有资金或者资金不足，就会使招标项目无法顺利完成，有可能使招标项目成为烂尾工程。对投标人来讲，资金是否到位直接关系到他们的切身利益。实践中经常发生项目实施过程中因资金不足而不能支付承包商合同款的情况，这是不合理的。即使不开展实际建设，单单考虑投标人参与投标的成本，如果资金不到位，也会使投标人期待利益落空。

(二)投标资格审查

1.资格预审。资格预审是招标人通过发布资格预审公告，向不特定的潜在投标人发出投标邀请，由招标人或者由其依法组建的资格审查委员会按照资格预审文件确定的审查方法、资格条件以及审查标准，对资格预审申请人的经营资格、专业资质、财务状况、类似项目业绩、履约信誉等条件进行评审，以确定通过资格预审的申请人。未通过资格预审的申请人，不具有投标的资格。

资格预审的方法包括合格制和有限数量制。一般情况下应采用合格制，潜在投标人过多的，可采用有限数量制。

2.资格后审。资格后审是在开标后由评标委员会对投标人进行的资格审查。采用资格后审时，招标人应当在开标后由评标委员会按照招标文件规定的标准和方法对投标人的资格进行审查。资格后审是评标工作的一个重要内容，对资格后审不合格的投标人，评标委员会应否决其投标。

五、中标条件与评标办法

《招标投标法》第四十一条规定："中标人的投标应当符合下列条件之一：(一)能够最大限度地满足招标文件中规定的各项综合评价标准；(二)能够满足招标文件的实质性要求，并且经评审的投标价格最低，但是投标价格低于成本的除外。该条条文规定了两种不同评标办法下的中标条件。"

(一)综合评标法

《招标投标法》第四十一条规定的"能够最大限度地满足招标文件中规定的各项综合评价标准",显示的是在使用综合评标法时的中标条件。

综合评标法把涉及招标人各种资格资质、技术、商务以及服务的条款,都折算成一定的分数值,总分为 100 分。评标时,对投标人的每一项指标进行符合性审查、核对,给出分数值,最后汇总比较,取分数值最高者为中标人。评标时各个评审专家独立打分,互相不商讨,最后汇总分数。综合评标法引入权值的概念,评价指标结果更具科学性,有利于发挥评价指标的作用,同时也能有效避免评审专家过多的主观判断,防止出现任意或不公平评价。

在使用综合评标法时,其实纳入了价格标准和非价格标准,基于综合的、系列的标准进行总体评估和比较,最终以能够最大限度地满足招标文件规定的各项要求的投标作为中标。因此,综合评标法适用于那些价格因素不是唯一因素或决定性因素的招标项目。对各投标人进行综合评比,就是要求投标人进行综合的竞争,这样更有助于保证招标人的目标得以实现。值得注意的是,在使用综合评标法时,招标人不仅应在招标文件中明确评标方法,而且还要在招标文件中事先列明各项评价标准,包括价格标准和非价格标准,以及这些标准的权重分值,不能在评标时才制定具体的量化计算方法,以免使评价指标带有优待特定投标人的倾向性。

(二) 经评审的最低评标价法

经评审的最低评标价法在评标时聚焦价格因素，有三方面的要点：(1)能够满足招标文件的实质性要求，这是招标的前提条件。(2)经评审的价格最低，方能中标。这里值得注意的是，经评审的最低投标价，不同于投标人的最低报价。(3)投标价格不得低于成本。为了防止投标人恶意低价竞争，中标人却不能履行合同，或者不能达到招标人的要求，使用最低投标价中标的评价方法时，也要注意剔除低于成本的报价。

在具体适用过程中，往往还要由评审专家通过评审来确定"最低且合理"的报价，要把涉及投标人各种资格资质、技术、商务和服务内容的指标要求，都按照统一的标准折算成价格，进行比较，取"评标价最低者"为中标人。评标时，评标委员可以是"同一专业"的，也可以是不同专业而互补的；可以讨论协商。最后，各个评委独立提出意见，汇总得出评标结论。

"经评审的最低评标价法"最适合使用财政资金和其他公有资金而进行的采购招标，更能体现"满足需要即可"的公共采购的宗旨，在不违反法律法规原则的前提下，可最大限度满足招标人的要求和意愿。同时，通过聚焦价格竞争，突出体现了招标能够节约资金的功能。根据统计，在使用这种方法时，节资率一般在10%左右。另外，使用这种评标方法，评标比较科学、细致，可以把不中标的原因——告知未中标的投标人。

六、工程招标投标程序

我国《招标投标法》既包括实体性规定，也包括程序性规定。对于工程招标投标而言，遵守实体性规定固然重要，在程序上严格遵守法律法规的规定更为重要。下面以湖南省依法必须实行招标的工程项目为例，简要叙述工程项目招标投标的程序。

(一)招标人准备工作

主要的准备工作包括：项目立项；建设工程项目报建；地方建设工程在线审批平台登记；等等。

(二)编制资格预审、招标文件

1.编制资格预审文件。资格预审文件内容包括：资格预审申请函；法定代表人身份证明；授权委托书；申请人基本情况表；近年财务状况表；近年完成的类似项目情况表；正在施工的和新承接的项目情况表；近年发生的诉讼及仲裁情况；其他材料；等等。

2.编制招标文件。招标文件内容包括：招标公告或投标邀请书；投标人须知；评标办法；合同条款及格式；工程量清单、图纸、技术标准及要求；投标文件格式；等等。

(三) 发布资格预审公告和招标公告

根据《招标公告和公示信息发布管理办法》(国家发展和改革委员会令第 10 号) 和项目所在地相关制度规定,编制资格预审公告和招标公告内容,并在相关文件指定媒介发布公告(内部转发的,内容需与指定媒介上一致)。

(四) 资格预审

资格预审包含以下步骤: (1) 出售资格预审文件; (2) 接受投标单位资格预审申请; (3) 对潜在投标人进行资格预审。

(五) 发售招标文件及澄清、答疑

1. 发售招标文件。在相关交易平台发布文件下载信息或向投标人出售招标文件、图纸、工程量清单等材料。招标人应当给予投标人编制投标文件所需的合理时间,最短不得少于二十日。

2. 进行澄清、答疑。对已发出的招标文件进行必要的澄清或者修改的,应当在招标文件要求提交投标文件截止时间至少十五日前,以书面形式通知投标人。解答的内容为招标文件组成部分。

(六) 接收投标文件

接收投标人的投标文件及投标担保,保证投标文件的密封性。

(七)抽取评标专家

评标委员会成员由招标人代表，以及技术、经济等方面专家组成，其中技术、经济等方面专家不得少于成员总数的三分之二。招标人代表应当具备评标专家相应的或者类似的资格条件和专业能力。技术复杂、专业性强或者国家有特殊要求的，采用随机抽取方式确定的专家难以胜任评标实际需要的，经行政监管部门批准后可以由招标人直接确定。

(八)开标与评标

开标时间为招标文件中载明的时间，地点为公共资源交易中心。

评标应按照下列程序进行：

1.初步评审。初步评审包括形式评审、资格评审、响应性评审。评审过程中，评标委员会可以要求投标人对投标文件中的内容作出必要的澄清、说明或者补正。

2.详细评审。详细评审因素包括施工组织设计、企业资信及履约能力（业绩及信用）和投标报价。

(九)确定中标候选人

评标完成后，评标委员会应当向招标人提交书面评标报告，并按招标文件的要求，推荐不超过 3 个有排序的中标候选人，也可以推荐不超过 3 个不排序的中标候选人，由招标人确定中标人。

(十)发布中标公告

依法必须招标项目中标候选人公示应当载明以下内容：
(1)中标候选人排序、名称、投标报价、质量、工期(交货期)，以及评标情况(按相关规定应保密的除外)；(2)中标候选人按照招标文件要求承诺的项目负责人(含主要参与人员)姓名及其相关证书名称和编号；(3)中标候选人响应招标文件要求的资格能力条件；(4)被否决投标的投标人名称、否决依据和原因；(5)提出异议或投诉的渠道和方式；(6)招标文件规定公示的其他内容；(7)依法必须招标项目的中标结果公示应当载明中标人名称。

(十一)发出中标通知书并签订合同

招标人和中标人应当自中标通知书发出之日起三十日内，按照招标文件和中标人的投标文件订立书面合同。招标人和中标人不得再行订立背离合同实质性内容的其他协议。

第三节

高校采购与招标工作廉政风险现状
分析及处理

导·语

　　采购与招标工作是高校的重要工作之一，高校的采购有显著的特点：采购规模大，品目繁多；专业性强，竞争较弱；工程类采购占比较高。这些特点使得高校的采购工作较为复杂，采购风险较大。高校采购风险有多种类型，有多样化的具体表现，其中廉政风险尤其需要重视。廉政风险不仅阻碍高校采购目标的实现，而且还会使相关人员承受法律制裁、纪律处分等后果。故，高校应采取有效举措，防控采购领域的廉政风险。

一、高校采购与招标工作的现状

（一）高校采购与招标的范围

采购是高校经常性的工作。要维持高校的运行，促进高校的发展，必须以市场交易的形式从其他市场主体获得货物和服务，也免不了将工程建设项目发包给符合资质要求的市场主体。在高校环境中，采购可以划分为广义的采购和狭义的采购。广义的采购是指高校向校外主体采购所有的货物、服务及工程，既包括需适用《政府采购法》的采购，也包括根据《招标投标法》须通过招标形式办理的工程项目采购，还包括其他的采购，如小额零星货物、服务，及未达到强制招标门槛的工程项目采购。而狭义的采购，一般就是指需适用《政府采购法》实施的采购。值得注意的是，国内很多高校将"政府采购"与"招标"这两个词并列使用，例如，很多高校设置了"政府采购与招标管理中心"之类的内部机构。这反映了我国《政府采购法》与《招标投标法》存在某种并列关系，这在前文已经述及。从理论上讲，高校的政府采购应覆盖货物、服务和工程，但因为符合强制招标要求的工程及与之相关的货物、服务采购需根据《招标投标法》进行招标投标，因此，很多高校将强制招标范围内的政府采购项目纳入招标管理范围。其实，高校的政府采购本应包括工程类项目的采购，因此，本书未将"政府采购"与"招标"作严格分割，提及"政府采购"的时候一般覆盖了通过招标投标形式实施的工程类采购项目。

此外，根据所囊括程序的不同，也可以对政府采购作广义与狭义之理解。根据《政府采购法》的规定，一个政府采购项目的实施程序包括采购前期、采购程序执行和合同履约共三个阶段。采购前期包括项目立项阶段和采购需求论证阶段；采购程序执行又可以划分为采购文件编制、采购公告公示发布、开标评标定标、结果公告、中标通知书发放及质疑回复等关键环节；合同履约主要包括合同签订、履约验收、保修期维护阶段等关键步骤。在某些语境下，狭义的采购主要指的是采购程序执行阶段，广义的采购指的是项目整体的执行程序，即包括采购前期、采购程序执行和合同履约。从程序角度讲，随着采购规则体系的不断修正和采购管理体系的不断完善，我们正在经历着从狭义的采购到广义的采购的过渡阶段，其中，《政府采购需求管理办法》的出台，标志着这一过渡的正式开始。我国政府正在不断推进采购人主体责任的强化，越来越多的采购人意识到，仅仅围绕采购程序执行阶段进行规范，无论从采购的质量、效率、集约等角度，还是从控制采购风险角度，都不尽科学、合理，不能有效地降低采购风险。此外，从风险控制的角度，更多的采购人放宽了视野，不再坚持"唯廉政风险论"，而是开始重视采购全过程中的所有风险。

(二)高校采购的特点

1.采购规模大，品目繁多。我国高校数量多，单所高校的采购规模大，年度预算开支动辄几十亿、几百亿元。这些预算开支中用于政府采购的比例较高。《中国现代教育装备》总第423期(2023年12月)发表的《北京市高校政府采购大数据分析与研究》一文显示，2022年北京市25所教育部直属高校政府采购总额超过100亿元，比2021年增长56.52%；这25所高校在2022年的校均政府采购总额超过了4亿元。

高校政府采购还体现出品目繁多的特点。由于二级学院(单位)众多、学科众多、教师及学生人数众多，高校需要采购与维持日常行政事务管理有关的办公设备设施、服务、消耗品等。同时高校采购的品目与行政机关及其他事业单位相比，也存在显著特点，高校需要采购与科学研究和教育教学有关的专业方向的仪器设备和服务，同时还需采购用于食堂、体育场馆、物业服务、信息与网络服务、车辆等与师生吃穿住用行有关的生活物资。另外，各二级学院、重点实验室等教学科研方向不同，高校采购还存在涉及实际使用的用户多、规模大的特点。

2.专业性强，竞争较弱。高校多学科办学的特色，决定了其科研和教学仪器设备类采购数额比重大，而与学科匹配的专业设备种类繁多，专业设备生产商相较通用设备仪器生产商数量较少，一部分科研仪器设备面临专利或者专有技术掌握在个别或者某一部分生产厂商手中，同时进口设备的采购占据了一定的比例，这些因素决定了科研仪器设备采购存在技术要求高、供货渠道窄的特性，其竞争程度明显不如其他情形下的政府采购。另外，不同学科门类之间采购的设备品种多样，涉及专业领域广，不同专业科研设备技术参数差异巨大，决定了设备采购时技术壁垒多，无法充分竞争。

3. 工程类采购占比较高。除了用于行政办公、科研教学、师生生活的货物和服务采购以外，高校配套的基础设施建设、建筑物改建扩建工程、室内装饰及有关的专业化工程、维修修缮工程施工及与工程有关的货物和服务项目也占据了采购的较大比例。一般来说，高校新建工程项目个体体量大或者群体建筑现象较多，房屋建筑和场馆园所维修和修缮工程每年采购项目数量相对比较恒定。

二、高校采购风险：含义与类型

（一）高校采购风险之含义

本书书名的关键用语是"高校采购与招标工作廉政风险"，精确表达应是指"高校采购与招标工作中的廉政风险"。如前文所述，高校采购在很大程度上可以覆盖招标工作，因而，我们实际上要探讨的是高校采购中的廉政风险。要明确廉政风险的含义与表现，就必须先界定清楚高校采购中的风险的含义，在此基础上介绍高校采购风险的类型和表现。

风险这个词在今天被广泛使用，但我国最早于何时、何处出现"风险"一词，已无从考证。最为普遍的一种说法是，在远古时期，从事海上捕捞业的渔民们每次出海前都要祈祷，其中主要的祈祷内容是让神灵保佑自己在出海时能够风平浪静、满载而归,这是因为他们在长期的捕捞操作中,深深地体会到,危险主要是风带来的,"风"即意味着"险",由此出现了"风险"一词。在西方,学者们很早就开始试图对"风险"予以定义,特别是自德国社会学家乌尔里希·贝克于 1996 年出版《风险社会》以来,西方学术界掀起了研究风险的热潮。关于风险的定义多达数十种,认可度较高的定义基本上是从负面情形发生的概率及可能性出发提出的。例如,一种较为典型的定义是:"风险可以被定义为可能性或较正式地定义为概率。这里的概率,是指由于一系列因素而产生的特定损失的概率,损失是由于某种危险源的存在而产生的。"另一种较受认可的定义是:"风险的一般形式是事件发生的可能性,具体形式是不良后果发生的概率。"还有一种影响较大的定义是:"风险是由自然或人为诱发危险因素相互作用而造成的有害后果或预期损失发生的概率,损失包括:人的生命、人员受伤、财产损失、生计无着、经济活动受干扰和环境破坏等。"由上述关于风险的典型定义可见,风险的核心意旨是发生不利事件及附随而来的有害后果的概率或可能性。

以上述关于风险的定义为基础,我们可以给出高校采购风险的基本含义:在高校采购过程中,由于人为或非人为因素诱发的不利事件,使得高校的采购目标完全或部分落空,同时还有可能带来其他的损害。其他的损害包括相关责任人受法律制裁或纪律处罚等。

（二）高校采购风险之类型

1.根据风险的严重程度，可以划分为主要采购风险和次要采购风险。主要采购风险指的是与采购过程中关键程序和关键步骤有关的，直接影响采购程序的执行，影响结果的风险。主要采购风险包括政策风险、评审风险、合同风险、资金风险、履约验收风险、质量风险及廉政风险等。次要采购风险是依附于主要采购风险存在的，是更加细化的风险种类。

2.根据高校采购风险发生的环节，可以把高校采购风险分为：

（1）前期立项环节中的风险。高校采购的前期立项环节包括采购需求论证、编制采购需求，上报学校相关职能部门审批同意后予以项目立项。在这个环节存在的采购风险主要表现为：项目申请部门立项调研不足，随意减少或简化论证程序；项目申请部门未立项审批或未确定预算经费就实施采购；项目申请部门编制采购需求不规范、不科学。

（2）采购实施环节中的风险。在这个环节中有可能出现一些负面情形，影响采购目标的实现。主要表现为：采购文件编制不规范；采购方式选择不恰当；评标过程不公平、不公正。评标是政府采购流程中的重要环节，是操作组织的重点和质疑投诉的焦点。

（3）签订合同环节中的风险。签订合同是指经由前期招标、竞谈、竞磋等，在采购人与中标供应商确定采购关系的主要权利义务内容后，将双方的合意用书面的形式确认固定下来，并赋予法律的约束力。合同签订环节是高校采购的关键环节之一，高校采购人及有关部门务必依法依规操作，否则就会构成采购风险。在这个环节，主要的风险表现包括：合同签订审批流程不合理；合同主体责任意识淡薄；合同管理审核不到位；等等。

(4) 履约验收环节中的风险。主要表现为：对验收工作不重视；验收工作不规范。

3. 根据造成风险的核心原因之不同，可以把高校采购风险划分为违法违规风险、评审风险、合同风险、资金风险、质量风险、廉政风险等。

(1) 违法违规风险。违法违规风险主要指在高校采购过程中，违反与政府采购有关的法律法规、政策规定、内控规定等的情形。违反法律法规风险主要是指违反国家有关政府采购的法律法规、部门规章等明确的基本原则和相关时限要求等，如采购程序和采购方式的选择、变更政府采购方式的审批、采购过程中质疑投诉的处理、采购过程中开标评标等。违反政策规定风险指的是采购过程中违反与采购文件有关的政策要求，这些政策有优先采购国产产品、政府鼓励和支持中小企业的发展、优先采购国家鼓励的产业产品、有明确规定的市场准入政策、国家或行业标准体系、节能环保及绿色发展政策、扶持不发达地区及少数民族地区政策、政府支持创新首购、促进市场公平竞争及优化营商环境等。违反内控规定的风险是指内控程序缺失或者内控不合理或者违反单位内控制度而造成的风险。内控制度的建设，是政府采购过程中不可或缺的环节，也是支撑政府采购法规政策落实的重要手段。内控制度的建设既是采购政策法规规章制度要求的内容，也是采购人内部控制的重要方法。其风险最集中的表现为违反单位内控程序的要求，包括违反内部的审批、内部风险控制、内部基本程序等行为。

（2）评审风险。采购人采用任何采购方式，都必须经过投标(响应)及评审环节。法规和政策规定，采购人应在评标报告确定的中标候选人名单中选择确定中标人。因此评审环节是确定中标人最为重要的步骤和程序，是确保采购活动公平、公正的重要节点之一。法律法规在给予评审专家足够权力的同时，也考验评审专家的专业素养与评审水平。高校的采购项目，尤其是专业教学科研仪器设备、软件及服务等项目，对评审专家对学科及科研方向、仪器设备的市场供应情况、科研仪器设备的技术表现等的把握提出了更高的要求。评审风险主要包括评审专家选择的风险、评审专家专业素养风险、评审专家评审水平风险、泄露评审秘密风险和评审倾向性风险等。

（3）合同风险。合同集合了采购需求管理、采购文件编制、评审过程等一系列采购工作的成果，是采购程序执行以书面形式确定的文本文件，更是供应商履约的执行依据。因此，合同签订是采购程序中的关键节点之一，合同风险是高校必须重视的主要采购风险之一。合同风险主要表现为：部分高校缺乏系统审核管理体系或审核管理体系"重形式，轻内容"；合同签订多头管理，合同章管理混乱；缺乏专业的法律人员审核，或者即使聘请了第三方律师事务所承担审核工作，但由于承办律师在采购与招标方面的实践经验不足，导致审核不到位；没有合同模板或者合同模板存在较多漏洞；违反与采购有关的法规签订合同或者超期签订合同；合同支付条款欠合理；合同的风险分担缺失或者合同风险完全归属供应商，甚至个别合同风险完全归属采购人等。

（4）资金风险。资金风险是合同签订、合同管理步骤中产生的风险，之所以将其列为主要风险，是因为资金风险直接关系到采购人的资金使用效能和供应商所获得的利润。高校采购中采购人的资金风险主要体现在预算资金执行程度、资金支付安全、资金使用效能等三个方面。高校始终面临着采购效率与预算执行进度之间的矛盾。当采购效率包括合同履约的进度等无法按照合同约定完成时，高校将面临资金无法全额支付的情况，从而导致财政预算资金执行进度未达到要求或未按时完成，进而影响第二年的财政拨款。高校作为采购人，同时会担心因合同约定的预付款或前期支付比例过高导致最终合同未按期履约甚至由于供应商内部管理、兼并、破产、法律制裁等无法完成履约。此外，采购需求管理不够完善、市场价格风险控制未能预判、政策导向劳动力成本提高、合同变更索赔等导致的超概算、超预算等情况，都会使采购人面临资金使用效能风险。资金风险不仅与合同签订有关，也与项目履约管理息息相关，同时与内部管理有关。采购人担忧项目资金支付后供应商不能及时保质保量履约，供应商担忧履约后无法按时按量拿到支付款项。

(5)质量风险。采购的最终目标是经过竞争方式，购买到符合使用功能要求的、优质优价的、物有所值的标的物。采购工作是否成功的标志是标的物的质量是否可靠、能否达到使用的功能要求、标的物是否存在质量缺陷、其配件耗材损耗率及价格是否合理、售后服务体系是否完善等。质量风险是贯穿整个采购程序的风险，从采购需求管理到标的物的使用和售后服务，都会面临这种风险，因此控制采购的质量风险是采购过程中的核心问题。质量风险主要由采购需求风险、投标人虚假应标风险、合同履约验收风险等风险组成。采购需求是采购文件最核心、最基础的内容，采购需求中的技术要求设置，是能够采购到符合实际使用需求的货物或者服务的基础。采购需求中如果存在市场调查不充分、预算不合理、采购需求不明确、技术要求含混不清、对市场前景和技术了解不详细等情况，会导致采购的货物或服务无法满足实际使用需求或者无法达到中远期使用的目标，造成极大的资源浪费，不利于可持续发展和节约集约的要求。投标人虚假应标风险，是采购过程中质量风险的主要成因之一。虚假应标违反了诚实信用原则，而且是对采购法规的挑战，扰乱了市场秩序，造成采购人在时间和经济上的浪费。供应商履约过程中可能存在着偷工减料、高配低供、擅自减少步骤环节、擅自变更项目内容、多招少供等情况，也会造成质量风险。履约验收把关不严，供应商质保期服务不到位造成的质量风险也屡见不鲜。

(6)廉政风险。廉政风险也是高校采购风险中的主要类型之一，由于本书的核心主题是防控高校采购与招标中的廉政风险，因此特将廉政风险单设一个大标题，在下文予以重点论述。

三、高校采购与招标廉政风险的主要表现

随着我国反腐倡廉力度的加大，"廉政风险"这个词被广泛使用。所谓廉政风险，实际上是有关人员违反廉洁自律规定所导致的风险。具体联系到高校采购与招标工作来谈廉政风险，则是指高校内部相关人员及有关第三方主体违反反腐倡廉的法律法规及纪律规定从而对高校实现采购与招标目标造成不利后果的可能性或概率。我们既可以从中性角度来理解这种可能性或概率，比如，我们说廉政风险较大或廉政风险较小；也可以从偏负面角度来理解，高校采购与招标廉政风险即指违反反腐倡廉的法律法规及纪律规定的概率较高，并有较大可能性对相关工作或相关人员造成不利后果。同时，我们还要注意到，廉政这个词既包括法律法规所规定的廉洁要求，也包括党纪、政纪及相关单位内部纪律所包含的廉洁要求，因此，我们讨论的高校采购与招标廉政风险重点是指高校内部人员违反相关法律法规及纪律规定的不利后果。

廉政风险是高校采购与招标过程中普遍存在的、最核心的

风险,也是高校最为关注和主要防控的风险。任何单位的采购都存在廉政风险,廉政风险贯穿了整个采购过程的所有环节,其中重点环节有采购需求管理环节、采购文件编制环节、评审环节、合同签订环节、履约验收环节、质保期服务环节等。高校采购与招标廉政风险在各个环节有不同的具体表现。

1. 采购需求论证环节。该环节风险表现为:用户单位或参与采购的职能部门对特定品牌具有倾向性,与特定品牌供应商或生产厂家勾结,进行市场调研时有意规避一些竞争性品牌;或者在技术要求和商务要求的编制阶段,直接采用特定品牌产品的技术指标和商务条件等情况。在项目预算的编制过程中,存在编制人员与供应商相互勾连,虚报项目预算资金的情形。

2. 采购文件编制环节。该环节风险表现为:采购管理部门人员和用户单位与特定供应商达成一致,采购文件设置的资格条件、符合条件、评审计分办法等直接影响中标的内容,或存在明显的倾向性,甚至存在不合理设置、违法违规设置。

3. 评审环节。该环节风险表现为:采购部门管理人员、招标代理、采购人代表等,主动泄露专家信息、投标报名数量、报名单位名称、缴纳投标保证金等秘密,与特定投标人串通,或特定投标人与评审专家串通,通过利益输送,使特定投标人中标。

4. 合同签订环节。该环节风险表现为:用户单位未完全按照中标通知书、中标文件、采购文件等签订合同;或与供应商串通,修改或变更采购过程中形成的实质性内容等。

此外，在履约验收、质保期服务、支付款项进度等环节也有可能存在廉政风险。

廉政风险与前文所述的其他各类风险具有紧密关联性，前文所述的其他各类风险都有可能内含廉政风险，同时，廉政风险也可以导致其他各类风险的发生。因此，我们要有效防控廉政风险，必须坚持系统思维，从整体上防控高校采购风险出发来防控廉政风险。

本书使用了"廉政风险点"这个用词，实际上是根据高校采购与招标工作的实践，梳理出了容易发生廉政风险的具体工作节点或工作事项，相应地，这些具体工作节点或工作事项就成为了防控廉政风险的重点。

四、高校采购与招标廉政风险之防控举措

(一)加强高校采购工作队伍建设

加强高校采购工作队伍建设是减少采购廉政风险的重要举措之一。高校要设立承担政府采购与招标管理的专门部门，这有利于提升高校遵守政府采购与招标法律法规规定及政策要求的能力，形成"职能集中，责任集中"的格局。同时，可以借助专责部门的法律法规水平和经验，提升高校防控采购廉政风险的能力。据调查，绝大多数教育部直属高校，多数部委所属高校和地方高校都建立了此类部门，名称包括"政府采购与招标管理中心""政府采购与招投标管理中心""采购与招标管

理中心""招标与采购中心""采购与招标办公室",等等。

有必要明确的是,高校的采购工作队伍建设不仅仅是采购部门的队伍建设,还涉及审计、纪委监委、财务管理、资产设备管理、基础设施建设、后勤保障部门等与采购密切相关的部门,要明确相关职责,配齐必要人员,加强与采购、招标相关的运行、监督能力建设。此外,也包括二级单位专职采购管理人员的培养建设。总之,要有效防控采购廉政风险,高校应力求建设一支懂法懂规矩、守法守规矩的采购队伍。

(二)加强高校采购内控制度建设

部分高校在采购与招标领域发生违反廉政规定的案件,跟内控制度建设不到位有很大关系,廉政风险往往与内控风险相伴而生。内控风险主要表现为:内控制度的缺失导致内控管理的缺失;内控制度不健全不完善,从而造成内控管理体系的不健全、不完善;内控制度违反相关法律法规及政策文件的规定;内控管理的随意性导致内控制度的无序性;内控管理过于复杂造成用户尤其是教师事务性工作繁杂;内控管理的执行人员履责不力,随意放松内控管理。部分高校在审计活动中发现类似假发票、真票假开、库存混乱、无序采购和过度采购等违法违规情形,就是内控不力的后果。近年来各高校普遍开始重视与采购、招标有关的内控管理体系建设,涌现出一批典型的内控体系建设成效突出的高校。随着政府会计制度的不断完善推进,无计划不采购、无预算不采购要求的落实越来越严格，采购作为从年度计划预算到项目实施过程中的中间节点，与采购有关的或者以采购为中心的经济活动内控管理体系建设也逐渐被各高校提上日程。

总之，高校应强化采购内控制度建设，从制度上制约采购廉政风险的发生，以达成"不能腐"的效果。内控制度的建设，主要是指各高校根据自己的具体情形，编制切实可行、主要节点清楚、权责明晰、高效优质的内控制度，并且根据国家对采购管理的要求对不断其进行完善。

(三) 强化责任，严明纪律

从法律实施的一般规律看，让违法者承担相应的责任，以造就适度的威慑效果，是阻却违法行为的有效路径。同理，要有效防控高校采购与招标中的廉政风险，也有必要强化违反廉政规定的法律责任和纪律处分力度，让不廉洁者承担对应的成本或不利后果，以形成"不敢腐"的效应。

从公布的案例看，在高校采购与招标领域作出贪腐行为的人员一旦被发现被定罪就会被依法追究刑事责任，腐败者被判刑、被追缴违法收入、被处罚金，起到了很好的威慑效应，有利于高校防控采购与招标中的廉政风险。目前尚存的问题是，某些高校在对内部人员施以纪律处分方面存在不足，对于那些在采购与招标领域有违廉洁自律规定但尚未构成犯罪的内部人员，心慈手软，不能按规定予以纪律处分，使得部分人员存在不健康心理：只要不犯罪，小打小闹就不会有事。故此，高校应切实用好纪律处分这一手段，使采购与招标领域的小贪者也承担不利后果，将制裁的棒子覆盖所有的不廉洁行为。

对于参与高校采购与招标工作的校外人员，在法律责任与纪律处分设置上，存在一些不完善之处，这一点在校外评审专家身上表现最为突出。我们考察了部分高校的采购评审专家管理文件，发现这些高校对于评审专家的违法违规行为引入了多种处罚方式。这些处罚方式基本上可以分为两大类：一类是高校能够自主实施并发挥制裁效果的，主要有解聘、临时终止评审资格、列入不良行为记录、给予纪律处分，等等；另一类则是主要由外单位或相关行政机关或司法机关实施。前者完全由高校自主决定实施，后者则不然，它们是否最终落实并发挥制裁效果，并不能由聘请专家的高校决定，对聘请专家的高校而言，较为间接，难以明确、直接地发挥制裁效果，因而在实践中，相关高校较少真正使用。因此，从实践来看，高校偏好于采用第一类处罚形式，尤其是偏好于采用解聘等少数形式。客观而言，高校仅使用第一类处罚形式并不能起到预设的效果，即不能产生足够的威慑力。故，有必要完善针对评审专家违法违规行为的法律责任设置，使违反廉洁规定的校外评审专家也承担对应的不利后果。

（四）加强信息化建设

在高校采购与招标工作中加强信息化建设，也是防控采购廉政风险的有效举措。在信息化环境下，高校采购与招标的各个环节紧密对接，处处留痕，有利于加强高校采购的内控，也有利于督促相关人员审慎行动。

在高校采购与招标领域加强信息化建设，首先要根据高校内控制度建立起采购的信息化管理系统，可以包括采购需求论证、采购申请审核、采购文件编制、电子开评标等采购程序的内容。其次要建立起与财务预算、市场调研、采购需求审查、合同签订、履约验收、报账建卡、设备管理、绩效评价等环节相互连通的信息网络，真正做到"让信息多跑路，教师少跑腿"，减少教师事务性工作。做到系统留痕，做到数据可追溯、事件有据可查等，在提高采购效率的同时，增加采购透明度，促进采购的公平、公开、公正。

（五）加强高校的采购宣传工作

加强高校的采购宣传工作，特别是法律法规、规章制度的宣传工作，从而使更多教职员工了解采购相关的法规文件精神，引导形成全校守法守规的采购管理意识，从而有利于防控采购廉政风险。采购宣传工作可以同时面向供应商进行，加强引进供应商的力度，扩大竞争范围，形成良性竞争。

（六）大力推进信息公开工作

常言道"阳光是最好的防腐剂"，大力推进信息公开工作，增加采购透明度，是防控采购廉政风险的重要手段。信息公开工作不应仅限于发布招标公告、中标公告、单一来源采购公告等必须公示的信息，还应该包括采购需求的信息公开、采购预算编制的信息公开、采购需求论证的信息公开、采购文件的信息公开、采购合同的信息公开、采购过程中违法违规行为的信息公开、供应商管理的信息公开、履约验收的信息公开、政府采购限额标准以下采购项目的信息公开等。除了扩大信息公开范围外，还应加强信息公开的内容管理，在不违反相关法规的前提下，做到能够公开的尽量公开。

第二章

货物与服务项目采购廉政风险点及防控措施

心中高悬法纪明镜、手中紧握法纪戒尺，知晓为官做事尺度。

第一节

采购申请审批环节廉政风险点及防控措施

导-语

　　货物服务类政府采购项目的申请审批环节是采购活动的重要环节，申请审批环节的科学性和严谨性对于项目完成的质量和效率有实质性的影响。本环节中的廉政风险主要体现在采购需求是否合理、市场调研是否充分、参数设置是否存在倾向性、进口设备论证是否充分科学、结合具体项目特点选择的采购方式是否准确、是否存在为规避招标而进行的拆分等情形。在本环节中，申购单位应本着实事求是的原则，进行科学决策、合理论证以提出采购申请，采购部门和相关职能部门应严格对照相关政策法规对采购申请进行审核，切实把好廉政风险关。

一、公开招标

(一) 公开招标采购申请审批流程图

公开招标采购申请流程审批流程如图 2-1 所示。

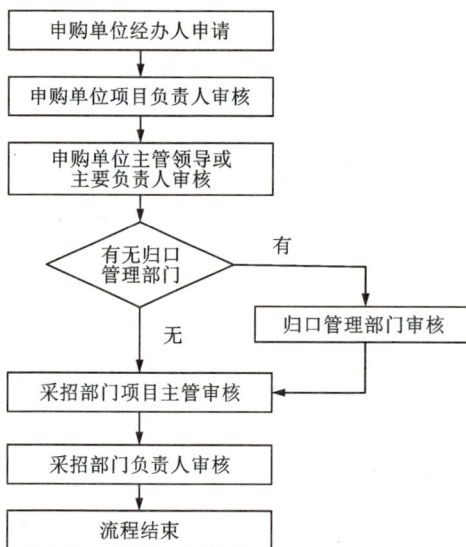

图 2-1　公开招标采购申请审批流程

(二)公开招标采购申请审批廉政风险点及防控措施

公开招标采购申请审批廉政风险点及防控措施如表 2-1 所示。

表 2-1 公开招标采购申请审批廉政风险点及防控措施

所涉单位及廉政风险点		防控措施及责任主体	
所涉单位	廉政风险点	防控措施	责任主体
申请资料审核			
申购单位	▲项目立项和论证手续不齐全、经费来源未落实、采购需求不完备、资料不完整 ▲▲▲项目建设未经集体决策 ▲▲项目未经立项批复	(1)修订完善采购与招标管理办法,强化项目立项论证、审批流程;(2)采招部门加大宣传、辅导和监督;(3)申购单位建立、完善采购项目立项论证制度,切实遵守申购单位、学校相关规定要求	申购单位主要负责人、分管负责人、项目负责人

续表2-1

所涉单位及廉政风险点		防控措施及责任主体	
所涉单位	廉政风险点	防控措施	责任主体
申购单位	▲▲▲存在拆分规避公开招标情形 ▲▲▲采购预算合理性未经论证或市场调研 ▲▲▲技术和商务要求合理性未经论证或市场调研 ▲▲▲参数设置具有倾向性 ▲采购项目未落实经费来源 ▲仪器设备未落实安装场地 ▲▲进口货物未按要求进行进口货物论证或论证理由不充分	(1)修订完善采购与招标管理办法,细化采购需求拟定和论证流程;(2)采招部门加大宣传、辅导和监督;(3)申购单位严格执行国家法律法规和政策规定,切实遵守学校相关制度要求	申购单位经办人、项目负责人
归口管理部门	▲项目立项、论证手续不齐全,需求不完备 ▲▲▲项目未经立项批复	(1)修订完善采购与招标管理办法,进一步明确归口管理部门职责,强化立项审批环节;(2)归口管理部门切实执行学校相关制度规定	归口管理部门审核人

续表2-1

所涉单位及廉政风险点		防控措施及责任主体	
所涉单位	廉政风险点	防控措施	责任主体
采招部门	▲采购需求申请材料不齐全 ▲▲▲存在拆分规避公开招标情形 ▲▲采购需求具有倾向性 ▲进口货物未按要求进行进口货物论证或论证理由不充分	依法依规严格审查采购申请资料	项目经办人、项目主管
	▲▲学校集中采购限额以上进口货物未经备案或审批	依法依规报送上级部门备案或审批	项目经办人、项目主管
	▲不具备公开招标条件	依法依规复核采购申请	部门负责人

二、非公开招标

(一)非公开招标采购申请审批流程图

非公开招标采购申请审批流程如图 2-2 所示。

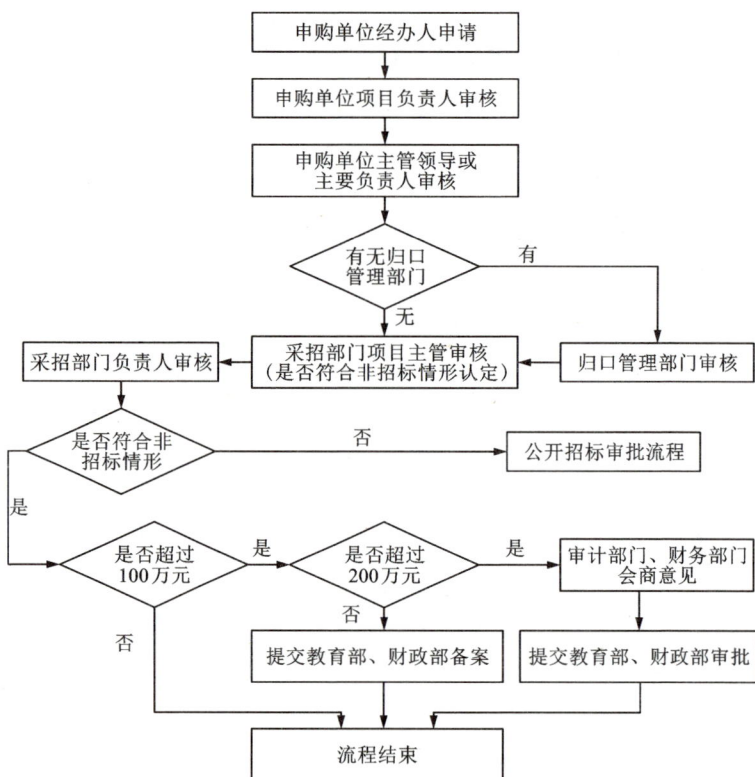

图 2-2 非公开招标采购申请审批流程

（二）非公开招标申请审批廉政风险点及防控措施

非公开招标申请审批廉政风险点及防控措施如表 2-2 所示。

表 2-2　非公开招标采购申请审批廉政风险点及防控措施

所涉单位及廉政风险点		防控措施及责任主体	
所涉单位	廉政风险点	防控措施	责任主体
申请资料审核			
申购单位	▲项目立项和论证手续不齐全、经费来源未落实、采购需求不完备、资料不完整 ▲▲▲项目建设未经集体决策 ▲▲项目未经批复 ▲▲▲推荐供应商未经过集体决策或充分讨论	（1）修订完善采购与招标管理办法，进一步强化非公开招标采购项目立项审批； （2）申购单位严格执行学校相关制度规定，强化立项论证	申购单位主要负责人、分管负责人、项目负责人

续表2-2

所涉单位及廉政风险点		防控措施及责任主体	
所涉单位	廉政风险点	防控措施	责任主体
申购单位	▲▲▲采购预算合理性未经论证或市场调研 ▲▲▲技术和商务要求合理性未经论证或市场调研 ▲▲▲参数设置具有倾向性 ▲采购项目未落实经费来源 ▲仪器设备未落实安装场地等 ▲▲进口货物未按要求进行进口货物论证或论证理由不充分 ▲▲单一来源采购未按要求进行单一来源论证或论证理由不充分 ▲▲▲推荐供应商不符合法律法规或学校内控制度	（1）修订完善采购与招标管理办法，进一步强化非公开招标采购项目采购需求拟定与论证；（2）采招部门加大宣传、辅导和监督；（3）申购单位严格执行国家法律法规和政策规定，切实遵守学校相关制度要求	申购单位经办人、项目负责人
归口管理部门	▲项目立项、论证手续不齐全，采购需求不完备 ▲▲▲项目未经立项批复	依法依规严格办理项目审批手续、落实经费来源	归口管理部门审核人

续表2-2

所涉单位及廉政风险点		防控措施及责任主体	
所涉单位	廉政风险点	防控措施	责任主体
采招部门	▲采购需求申请材料不齐全 ▲▲采购需求具有倾向性 ▲▲进口货物未按要求进行进口货物论证或论证理由不充分 ▲单一来源采购未按要求进行单一来源论证或论证理由不充分	依法依规严格审查采购申请资料	项目经办人、项目主管
	▲▲政府集中采购限额以上项目公开招标失败未进行采购文件论证 ▲政府集中采购限额以上进口货物未经备案或审批 ▲▲▲需要备案或审批的非招项目未进行备案或者审批	依法依规报送上级部门备案或审批	项目经办人、项目主管
	▲▲不具备非公开招标采购条件	依法依规复核采购申请	部门负责人
	▲需要备案或审批的非招项目未经相关部门会商	依照财政部要求签订会商意见	项目主管
申购单位	▲▲▲变更政府采购方式申请未经主管校领导批复	依照学校管理规定审批	申购单位主要负责人

三、申购单位自行采购

(一) 申购单位自行采购申请审批流程图

申购单位自行采购申请审批流程如图 2-3 所示。

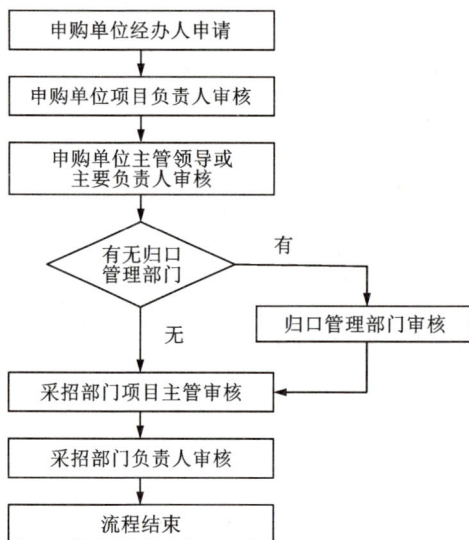

图 2-3　自行采购申请审批流程

（二）申购单位自行采购申请审批廉政风险点及防控措施

申购单位自行采购申请审批廉政风险点及防控措施如表2-3所示。

表 2-3　申购单位自行采购申请审批廉政风险点及防控措施

所涉单位及廉政风险点		防控措施及责任主体	
所涉单位	廉政风险点	防控措施	责任主体
申请资料审核			
申购单位	▲项目立项和论证、经费来源、需求不完备、资料不完整 ▲▲▲项目建设未经集体决策 ▲▲项目未经批复	（1）修订完善集中采购限额标准以下项目采购指导意见，细化申购单位自行采购立项论证规定；（2）申购单位切实遵守学校相关规定，强化自行采购项目立项论证	申购单位主要负责人、分管负责人、项目负责人

续表2-3

所涉单位及廉政风险点		防控措施及责任主体	
所涉单位	廉政风险点	防控措施	责任主体
申购单位	▲▲▲采购预算合理性未经论证或市场调研 ▲▲▲技术和商务要求合理性未经论证或市场调研 ▲采购项目未落实经费来源 ▲仪器设备未落实安装场地等	(1)修订完善集中采购限额标准以下项目采购指导意见,强化申购单位自行采购需求拟定和论证;(2)申购单位切实遵守学校相关规定,规范自行采购项目采购需求拟定和论证	申购单位经办人、项目负责人
归口管理部门	▲项目立项、论证手续不齐全,采购需求不完备 ▲▲▲项目未经立项批复	依法依规严格办理项目审批手续、落实经费来源	归口管理部门审核人
采招部门	▲采购申请材料不齐全 ▲▲▲不符合学校关于自行采购的情形	依法依规严格审查采购申请资料	项目经办人、主管科长
	▲▲不符合自行采购情形	依法依规复核采购申请	部门负责人

86

第二节

采购组织环节廉政风险点及防控控措施

导－语

　　采购项目完成采购申请审批，将根据不同的情况和特点，采取不同的采购方式进入采购流程。货物和服务项目政府采购环节多、流程长、参与的角色多，在各种情况下适用的法规政策体系复杂。本节将以采购流程为线索，逐一细说各采购方式中廉政风险防范的薄弱环节，同时列明防范措施。

一、公开招标

(一)公开招标采购组织流程

公开招标采购组织流程如图 2-4 所示。

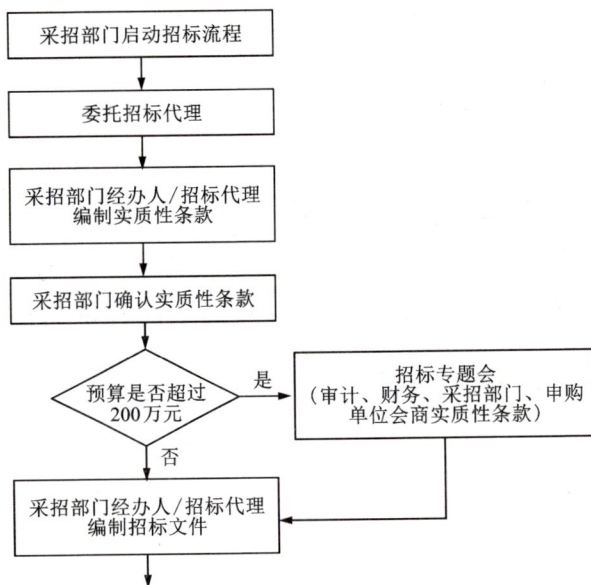

图 2-4(a)　公开招标采购组织流程

申购单位审核会签招标文件

↓

采招部门审核会签招标文件

↓

预算是否超过200万元 —— 是 → 审计部门、财务部门审核会签招标文件

↓ 否

发布招标公告

↓

发售招标文件

↓

报名截止时间投标人达到3家 —— 否 → 发布延长报名时间公告

↓ 是

开评标

↓

发布中标公告

↓

发出中标通知书

↓

流程结束

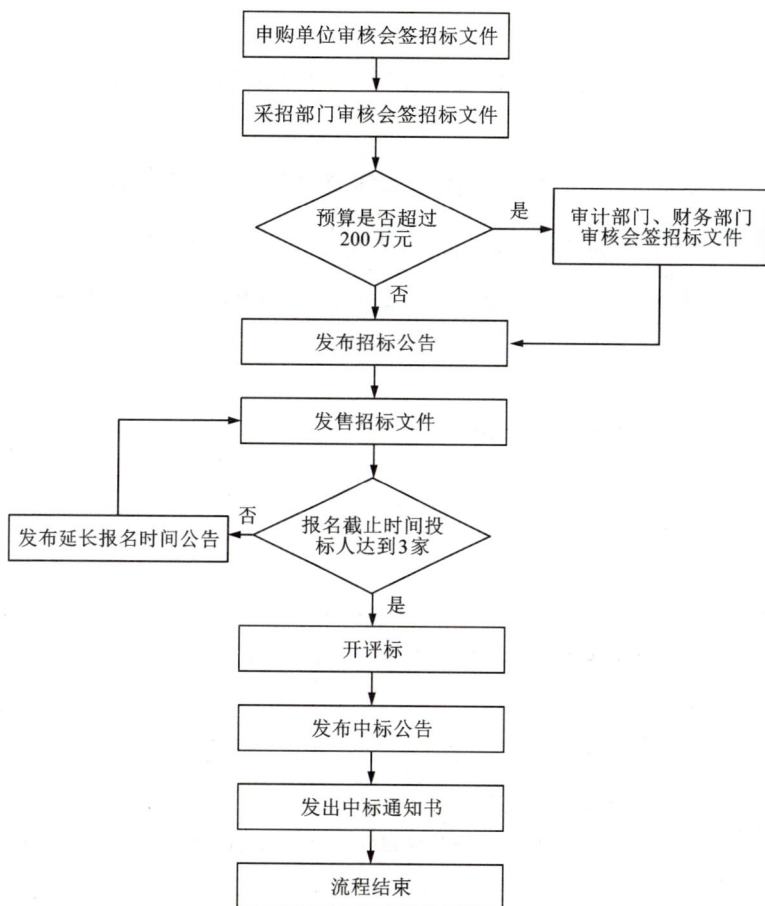

图 2-4(b)　公开招标采购组织流程

(二)公开招标采购组织流程廉政风险点及防控措施

公开招标采购组织流程廉政风险点及防控措施如表 2-4 所示。

表 2-4　公开招标采购组织流程廉政风险点及防控措施

所涉对象及廉政风险点		防控措施及责任主体	
所涉对象	廉政风险点	防控措施	责任主体
招标代理委托			
采招部门	▲▲未按规定流程抽取代理公司	严格按照学校内控制度抽取代理公司	项目经办人、项目主管
采购文件编制			
招标代理公司	▲▲▲对投标人资格设置违反法律法规或不符合项目实际需要，排斥潜在投标人 ▲▲▲设置评审计分条件违反法律法规或不符合项目实际需要，排斥潜在投标人 ▲▲▲与潜在投标人存在违法违规行为，采购文件起草具有倾向性	(1)采招部门严格按照《采购(招标)代理机构库和代理机构管理办法》等内控制度，加强对招标代理机构的监督管理；(2)采招部门在采购文件起草过程中加强监管和审查	项目负责人

续表2-4

所涉对象及廉政风险点		防控措施及责任主体	
所涉对象	廉政风险点	防控措施	责任主体
采招部门	▲▲▲未检查采购文件资格条件设置是否合法合理 ▲▲▲未检查评审计分是否违反法规或具有倾向性 ▲未确定采购文件(实质性条款)	(1)采招部门严格实施《采招部门廉洁自律制度》,加强内控管理;(2)加强培训、内部交流,进一步提升采招部门工作人员核查采购文件的能力	项目经办人、项目主管、部门负责人
招标专题会(200万元以上)			
采招部门	▲未召开招标专题会讨论采购文件(实质性条款) ▲未对采购文件(实质性条款)进行充分讨论	(1)修改完善采购与招标管理办法,进一步细化招标专题会的职责和程序;(2)采招部门切实做好每次招标专题会的准备工作	项目经办人、项目主管、部门负责人
审计部门、财务部门	▲▲▲未对有倾向性的内容进行修改		主管领导
申购单位	▲▲▲未根据项目实际设置资格条件或评审计分		项目经办人或项目负责人

续表2-4

所涉对象及廉政风险点		防控措施及责任主体	
所涉对象	廉政风险点	防控措施	责任主体
采购文件审定			
采招部门	▲▲▲设置不合理条件，排斥潜在投标人 ▲▲▲评审因素设置不合理，存在明显的倾向性 ▲▲200万元以上项目未按招标专题会决议进行修改	（1）严格执行采购与招标管理办法，落实好招标文件审核、会签制度；（2）采招部门严格实施《采招部门廉洁自律制度》，加强内控管理	项目主管、剖门负责人
申购单位			申购单位项目负责人
审计部门、财务部门（200万元以上项目）			审计部门、财务部门
招标公告发布			
招标代理公司	▲▲▲未按规定时间、媒体发布招标公告 ▲▲▲招标公告发布不符合有关规定或多媒体发布不一致	（1）修订完善采购与招标管理办法，进一步规范招标公告发布程序；（2）采招部门严格执行采购与招标管理办法，依法依规在指定媒体、平台发布招标公告；（3）采招部门严格按照《采购(招标)代理机构库和代理机构管理办法》等内控制度，加强对招标代理机构的监督管理	项目负责人
采招部门			项目经办人、项目主管

续表2-4

所涉对象及廉政风险点		防控措施及责任主体	
所涉对象	廉政风险点	防控措施	责任主体
供应商报名			
招标代理公司	▲▲▲人为因素干扰投标报名 ▲▲▲泄露报名情况和潜在投标人信息 ▲▲▲超时接受报名	严格按照采购文件要求进行报名登记	项目负责人
质疑及回复			
招标代理公司	▲▲▲未审核质疑内容和格式是否合规 ▲未按法规规定时间回复质疑 ▲▲▲未与采招中心沟通质疑回复方案 ▲▲▲质疑回复不符合法规要求或回复未依据实际情况 ▲▲▲对招标文件的说明或变更，不通知或不及时通知所有招标文件收受人 ▲▲▲未按规定发布项目变更公告	采招部门严格按照《采购（招标）代理机构库和代理机构管理办法》等内控制度，加强对招标代理机构的监督管理，督促代理机构依法依规处理好每项质疑，及时予以回复	项目负责人

续表2-4

所涉对象及廉政风险点		防控措施及责任主体	
所涉对象	廉政风险点	防控措施	责任主体
采招部门	▲▲▲泄露报名情况和潜在投标人信息 ▲▲▲对招标文件的说明或解释，不通知或不及时通知所有招标文件收受人 ▲▲▲未按规定发布项目变更公告 ▲▲▲与采购需求有关的质疑未与申购单位充分沟通	(1)采招部门严格遵守法律法规和相关政策文件的要求处理质疑，切实按照《采招部门质疑处理制度》等内控制度办理质疑个案；(2)采招部门严格执行《采招部门廉洁自律制度》等内控制度；(3)采招部门加强内部培训和业务交流，不断提升工作人员处理质疑的责任心和业务能力	项目经办人、项目主管、部门负责人

续表2-4

所涉对象及廉政风险点		防控措施及责任主体	
所涉对象	廉政风险点	防控措施	责任主体
申购单位	▲▲▲未对质疑中有关采购需求部分进行回复 ▲▲▲回复中未删除或更改有倾向性的内容 ▲▲▲打听或泄露报名情况和潜在投标人信息	(1)申购单位重视对采购质疑的回复工作，及时纠正质疑者提出的不合规做法；(2)采招部门加强宣传、辅导与监督，提升申购单位处理、回复质疑的重视度和业务能力	项目经办人、负责人
专家抽取			
采招部门	▲▲▲未按规定抽取评标专家 ▲▲▲泄露专家抽取情况或专家信息	(1)采招部门严格按照《采购与招标管理办法》抽取专家；(2)采招部门严格执行《采招部门廉洁自律制度》《采招部门保密制度》等内控制度；(3)采招部门不断改进抽取专家的方法，采用智能化手段，阻断工作人员对被抽取专家信息的掌握	项目经办人员、项目主管

续表 2-4

所涉对象及廉政风险点		防控措施及责任主体	
所涉对象	廉政风险点	防控措施	责任主体
开标			
招标代理公司	▲▲▲泄露专家抽取情况或专家信息 ▲▲▲开标前未检查标书密封情况 ▲▲▲未全程录音录像 ▲▲▲未按规定时间、地点开标，或更改时间、地点未进行说明 ▲▲开标未按规范程序进行 ▲▲▲资格审查未严格按照采购文件执行	采招部门严格按照《采购（招标）代理机构库和代理机构管理办法》等内控制度，加强对招标代理机构的监督管理，督促代理机构做好开标工作	项目负责人
采招部门	▲未督促代理公司按照程序开标 ▲▲▲资格审查未严格按照采购文件执行 ▲▲▲未全程录音录像	(1)采招部门严格执行《采招部门廉洁自律制度》《采招部门保密制度》等内控制度；(2)采招部门进一步完善开标场所的条件，确保录音录像得以实施；(3)对于超大金额的招标项目，安排到省级公共资源交易中心开标	项目经办人、音视频管理人员

续表2-4

所涉对象及廉政风险点		防控措施及责任主体	
所涉对象	廉政风险点	防控措施	责任主体
评标			
申购单位	▲▲▲未按招标文件规定的程序和标准评审 ▲▲▲通信工具未按要求统一存放 ▲▲▲泄露有关评标过程 ▲▲监督人员未严格监督 ▲▲▲监督人员参与评审或发表有倾向性的言论 ▲▲▲以其他方式影响专家评标	（1）采招部门严格执行《采购与招标管理办法》，加强与申购单位协调，选派高素质的业主评委； （2）采招部门对业主评委进行必要的培训，宣讲法律法规和学校相关制度，提升其履职能力	业主评委、监督人员
评标委员会	▲▲▲未按采购文件规定进行符合性审查，符合性审查不合格进入下一轮评审 ▲▲▲未按照采购文件进行评审计分 ▲▲▲发表倾向性言论或影响其他专家评审 ▲▲▲招标文件或投标文件存在歧义或不清楚时未进行集体讨论 ▲▲▲评分畸高畸低、明显不合理情形未进行说明 ▲▲▲通信工具未按要求统一存放 ▲▲评审过程不认真、不仔细 ▲▲▲泄露有关评标过程 ▲▲▲评委未按法规要求独立评审打分	（1）采招部门按照《采购与招标管理办法》的规定，建设高水准的评审专家库； （2）采招部门严格实施《采购（招标）评审专家库和评审专家管理办法》等内控制度，加强对评标专家的监督管理，实行评审专家库动态调整； （3）采招部门加强评标现场监控，发现违规行为及时处理	评标专家

续表2-4

所涉对象及廉政风险点		防控措施及责任主体	
所涉对象	廉政风险点	防控措施	责任主体
招标代理公司	▲▲▲未全程录音录像 ▲未提醒或督促评标专家按照采购文件要求进行评审 ▲▲▲评审过程中存在歧义或不清楚时未进行说明，或者未请采招中心经办人进行说明 ▲▲▲发表倾向性言论 ▲▲▲未要求评标专家针对评分畸高畸低或明显不合理情况进行说明 ▲▲▲未维护现场秩序，未阻止评标专家或其他工作人员的倾向性言论 ▲▲未仔细检查专家评审计分情况、签字情况 ▲▲▲泄露有关评审过程 ▲▲▲以其他方式影响专家评标	采招部门严格按照《采购（招标）代理机构库和代理机构管理办法》等内控制度，加强对招标代理机构的监督管理，督促代理机构做好评标服务工作	项目负责人
采招部门	▲▲▲发表倾向性言论 ▲▲▲泄露有关评审过程 ▲▲未全程录音录像 ▲▲▲其他各种方式影响专家	切实行使采购人的权利，履行采购人的义务，加强音视频资料管理	项目经办人、音视频管理人员

续表2-4

所涉对象及廉政风险点		防控措施及责任主体	
所涉对象	廉政风险点	防控措施	责任主体
中标公告			
招标代理公司	▲▲未按规定时间和内容公告评标结果 ▲▲▲未按指定媒体公告或各媒体公告评标结果不一致 ▲▲▲未按照评审结果进行公告，或擅自更改评审结果 ▲▲▲不受理依法依规的质疑或受理后不认真核查	(1)修订完善《采购与招标管理办法》，细化中标结果公告工作流程，明确各相关方在发布中标公告中的职责和时程要求；(2)采招部门严格按照《采购(招标)代理机构库和代理机构管理办法》等内控制度，加强对招标代理机构的监督管理，督促代理机构做好中标结果公告工作	项目负责人
采招部门	▲▲未审核中标公告结果和公告媒体 ▲▲▲未认真审查质疑回复	严格审查中标公告内容，依法回复质疑	项目经办人、项目主管、部门负责人

续表2-4

所涉对象及廉政风险点		防控措施及责任主体	
所涉对象	廉政风险点	防控措施	责任主体
中标通知书			
招标代理公司	▲未按规定时间发放中标通知书 ▲▲▲中标通知书与中标结果不一致 ▲▲发放未盖章中标通知书 ▲▲▲中标通知书关键内容缺失或错误 ▲▲▲未按标准收取代理服务费	严格审查中标通知书内容，按时发放中标通知书	项目负责人
采招部门	▲未按规定时间发放中标通知书 ▲▲未认真审核中标通知书内容	按时发放中标通知书，根据招标和投标文件审核中标通知书	项目经办人、项目主管、部门负责人

二、非公开招标

(一)非公开招标方式(单一来源采购、合作创新、竞争性谈判、竞争性磋商、询价、框架协议、邀请招标)采购组织流程

非公开招标方式采购组织流程如图2-5所示。

采购申请审核通过 （100万元以下）	提交教育部、财政部备案完成 （100万~200万元）	申请报教育部、财政部审批通过 （200万元及以上）

采招部门启动采购流程

委托招标代理公司

采招部门经办人/代理公司编制实质性条款

采招部门确认实质性条款

采招部门经办人/代理公司修改采购文件

申购单位审核采购文件

采招部门审核采购文件

组建评审小组

供应商征集（如需）

审核资格文件

发送单一来源采购、谈判、磋商、询价或邀请公告（如需）

发售采购文件

评审

发布成交公告

发出成交通知书

流程结束

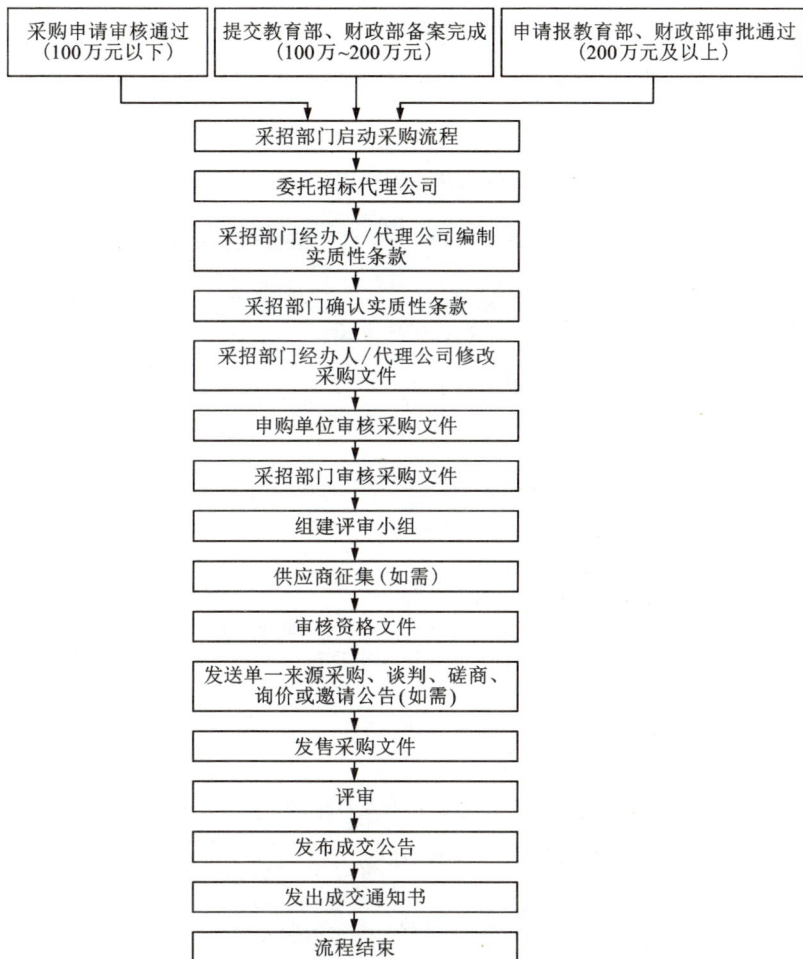

图2-5　非公开招标采购组织流程

(二) 单一来源采购组织流程廉政风险点及防控措施

单一来源采购组织流程廉政风险点及防控措施如表 2-5 所示。

表 2-5　单一来源采购组织流程廉政风险点及防控措施

所涉对象及廉政风险点		防控措施及责任主体	
所涉对象	廉政风险点	防控措施	责任主体
招标代理委托			
采招部门	▲▲未按规定流程抽取代理公司	严格按照学校内控制度抽取代理公司	项目经办人、项目主管
单一来源采购公示、审批			
采招部门	▲▲▲公开招标失败未进行采购文件论证 ▲▲▲100万元以上项目未经财政部备案 ▲▲▲200万元以上项目未经财政部审批 ▲▲▲需要审批前公示的，未进行公示	按照财政部相关要求执行	项目经办人、项目主管
单一来源采购文件编制			
招标代理公司	▲未按法规要求设置资格条件 ▲▲未按采购需求编制采购文件	依法依规设置投标人资质，按照采购需求编制采购文件	项目负责人
采招部门	▲未仔细检查采购文件	仔细核查采购文件项目	项目经办人
申购单位	▲未仔细检查采购文件中的采购需求	仔细核查采购需求	项目经办人、负责人

续表2-5

所涉对象及廉政风险点		防控措施及责任主体	
所涉对象	廉政风险点	防控措施	责任主体
单一来源谈判			
评审专家	▲未按采购文件规定的程序评审 ▲▲▲未按采购文件规定的资格条件进行资格审查 ▲▲▲未按采购文件的规定进行谈判，或谈判中违反了采购文件对实质性条件的约定 ▲▲未按采购文件规定的方式或格式审查最后报价	(1)采招部门严格按照《采购(招标)评审专家库和评审专家管理办法》等内控制度，加强对评审专家的监督管理；(2)采招部门工作人员加强对单一来源谈判的现场监管，发现评审专家有违法违规行为的，及时予以处理	评审专家
申购单位	▲▲▲以各种方式影响专家谈判 ▲泄露有关谈判过程 ▲▲▲针对采购文件以外的内容进行谈判	(1)采招部门对申购单位宣讲法律法规和学校相关制度对于单一来源谈判的规定，要求申购单位切实遵守相关规定；(2)申购单位参与单一来源谈判的人员严格遵守法律法规和学校相关制度的规定	采购人代表

续表2-5

所涉对象及廉政风险点		防控措施及责任主体	
所涉对象	廉政风险点	防控措施	责任主体
招标代理公司	▲▲未全程录音录像 ▲▲▲以各种方式影响专家谈判 ▲▲▲未提醒专家严格按照采购文件程序或要求进行谈判 ▲▲▲未提醒专家严格按照采购文件内容进行谈判 ▲未检查最终报价的格式和内容 ▲泄露有关谈判过程	(1)采招部门严格按照《采购（招标）代理机构库和代理机构管理办法》等内控制度，加强对招标代理机构的监督管理，督促代理机构做好单一来源谈判服务工作；(2)采招部门加强对单一来源谈判的现场监控，发现代理机构存在违法违规行为的，及时予以纠正、处置	项目负责人
采招部门	▲▲未全程录音录像 ▲▲▲以各种方式影响专家谈判 ▲泄露有关谈判过程	(1)采招部门严格执行《采招部门廉洁自律制度》《采招部门保密制度》等内控制度；(2)采招部门进一步完善开标场所的条件，确保录音录像得以实施	项目经办人

续表2-5

所涉对象及廉政风险点		防控措施及责任主体	
所涉对象	廉政风险点	防控措施	责任主体
成交公告			
招标代理公司	▲▲未按规定时间和内容发布成交公告 ▲▲▲未按指定媒体发布公告或各媒体公告评审结果不一致 ▲▲▲未按照谈判结果进行公告，或擅自更改评审结果 ▲▲▲未按要求接收或回复质疑	(1)采招部门严格按照《采购（招标）代理机构库和代理机构管理办法》等内控制度，加强对招标代理机构的监督管理，督促代理机构做好谈判结果公告工作；(2)采招部门加强对代理机构发布谈判结果公告、处理回复质疑等工作的核查、监督。	项目负责人
采招部门	▲▲未审核成交公告结果和公告媒体 ▲▲▲不受理依法依规的质疑或受理后不认真核查	严格审查成交公告内容，依法回复质疑	项目经办人、项目主管、部门负责人

续表2-5

所涉对象及廉政风险点		防控措施及责任主体	
所涉对象	廉政风险点	防控措施	责任主体
成交通知书			
招标代理公司	▲未按规定时间发放成交通知书 ▲▲▲成交通知书与成交结果公告不一致 ▲发放未盖章成交通知书 ▲▲▲成交通知书关键内容缺失或错误 ▲▲▲未按标准收取代理服务费	(1)采招部门严格按照《采购(招标)代理机构库和代理机构管理办法》等内控制度,加强对招标代理机构的监督管理,督促代理机构做好成交通知书的制作、发放工作; (2)采招部门加强对代理机构制作、发放成交通知书工作的核查、监督	项目负责人
采招部门	▲未按规定时间发放成交通知书 ▲▲未认真审核成交通知书内容	按时发放中标通知书,根据采购和响应文件审核成交通知书	项目经办人、项目主管、部门负责人

(三)合作创新采购组织流程廉政风险点及防控措施

合作创新采购组织流程廉政风险点及防控措施如表 2-6 所示。

表 2-6　合作创新采购组织流程廉政风险点及防控措施

事项	风险环节	所涉对象及廉政风险点		防控措施及责任主体	
		所涉对象	廉政风险点	防控措施	责任主体
合作创新采购组织流程	招标代理委托	采招部门	▲▲未按规定流程抽取代理公司	严格按照学校内控制度抽取代理公司	项目经办人、主管科长
	合作创新论证、公示、审批	采招部门	▲▲▲100万元以上项目未经财政部备案 ▲▲▲200万元以上项目未经财政部审批 ▲▲▲需要审批前公示的，未进行公示 ▲▲未进行市场调研和专家论证	(1)按照财政部相关要求执行； (2)充分开展市场调研和专家论证，设立目标、费用、期限	项目经办人、主管科长

续表 2-6

事项	风险环节	所涉对象及廉政风险点		防控措施及责任主体	
		所涉对象	廉政风险点	防控措施	责任主体
合作创新采购组织流程	合作创新采购方案编制	招标代理公司	▲未按法规要求设置资格条件 ▲▲未按采购方案编制采购文件	(1)依法依规设置投标人资质； (2)按照采购方案编制采购文件	项目负责人
		采招部门	▲▲▲采购方案未进行审查、核准程序 ▲▲采购方案对供应商资格设定不准确 ▲未仔细检查采购文件	(1)严格按照有关规定进行方案审查、核准程序；(2)围绕研发能力设定资格条件；(3)仔细核查采购文件	项目经办人
		申购单位	▲未仔细检查采购文件中的采购方案	仔细核查采购需求	项目经办人、负责人

续表 2-6

事项	风险环节	所涉对象及廉政风险点		防控措施及责任主体	
		所涉对象	廉政风险点	防控措施	责任主体
合作创新采购组织流程	合作创新订购谈判	评审专家	▲未按采购文件规定的程序评审 ▲▲▲未按采购文件规定的资格条件进行资格审查 ▲▲未按法规规定在创新概念交流过程中及时全面答疑 ▲▲▲未按采购文件规定的主要评审因素进行评审 ▲▲▲未按采购文件规定的两阶段评审方式评审	(1)采招部门严格按照《采购(招标)评审专家库和评审专家管理办法》等内控制度,加强对评审专家的监督管理;(2)采招部门工作人员加强对谈判小组的现场监管,发现评审专家有违法违规行为的,及时予以处理	评审专家

续表 2-6

事项	风险环节	所涉对象及廉政风险点		防控措施及责任主体	
		所涉对象	廉政风险点	防控措施	责任主体
合作创新采购组织流程	合作创新订购谈判	申购单位	▲▲▲以各种方式影响专家谈判 ▲泄露有关谈判过程 ▲▲▲针对采购文件以外的内容进行谈判	(1)采招部门对申购单位宣讲法律法规和学校相关制度对于合作创新订购谈判的规定，要求申购单位切实遵守相关规定；(2)申购单位参与合作创新谈判的人员严格遵守法律法规和学校相关制度的规定	采购人代表

续表 2-6

事项	风险环节	所涉对象及廉政风险点		防控措施及责任主体	
		所涉对象	廉政风险点	防控措施	责任主体
合作创新采购组织流程	合作创新订购谈判	招标代理公司	▲▲未全程录音录像 ▲▲▲以各种方式影响专家谈判 ▲▲▲未提醒专家严格按照采购文件程序和采购文件的要求进行谈判 ▲▲▲未提醒专家严格按照采购文件内容进行谈判 ▲▲泄露有关谈判过程	(1)采招部门严格按照《采购(招标)代理机构库和代理机构管理办法》等内控制度,加强对招标代理机构的监督管理,督促代理机构做好合作创新订购谈判服务工作;(2)采招部门加强对合作创新订购谈判的现场监控,发现代理机构存在违法违规行为的,及时予以纠正、处置	项目负责人

续表 2-6

事项	风险环节	所涉对象及廉政风险点		防控措施及责任主体	
		所涉对象	廉政风险点	防控措施	责任主体
合作创新采购组织流程	合作创新订购谈判	采招部门	▲▲未全程录音录像 ▲▲▲以各种方式影响专家谈判 ▲泄露有关谈判过程 ▲未按法规要求组建谈判小组 ▲▲▲创新概念交流后如实质性调整采购方案的，未按规定履行内部审查、核准程序	(1)采招部门严格执行《采招部门廉洁自律制度》《采招部门保密制度》等内控制度；(2)采招部门进一步完善谈判场所的条件，确保录音录像得以实施；(3)严格按照有关规定进行采购方案审查、核准程序	项目经办人、主管科长

续表 2-6

事项	风险环节	所涉对象及廉政风险点		防控措施及责任主体	
		所涉对象	廉政风险点	防控措施	责任主体
合作创新采购组织流程	成交公告	招标代理公司	▲▲未按规定时间和内容发布成交公告 ▲▲▲未按指定媒体公告或各媒体公告评标结果不一致 ▲▲▲未按照谈判结果进行公告，或擅自更改评审结果 ▲▲▲未按要求接收和回复质疑	(1)采招部门严格按照《采购(招标)代理机构库和代理机构管理办法》等内控制度，加强对招标代理机构的监督管理，督促代理机构做好谈判结果公告工作；(2)采招部门加强对代理机构发布谈判结果公告、处理回复质疑等工作的核查、监督	项目负责人
		采招部门	▲▲未审核成交公告结果和公告媒体 ▲▲▲不受理依法依规的质疑或受理后不认真核查	(1)严格审查成交公告内容；(2)依法回复质疑	项目经办人、主管科长、中心主任

续表 2-6

事项	风险环节	所涉对象及廉政风险点		防控措施及责任主体	
		所涉对象	廉政风险点	防控措施	责任主体
合作创新采购组织流程	成交通知书	招标代理公司	▲未按规定时间发放成交通知书 ▲▲▲成交通知书与成交结果公告不一致 ▲发放未盖章成交通知书 ▲▲▲成交通知书关键内容缺失或错误 ▲▲▲未按标准收取代理服务费	（1）采招部门严格按照《采购（招标）代理机构库和代理机构管理办法》等内控制度，加强对招标代理机构的监督管理，督促代理机构做好成交通知书的制作、发放工作；（2）采招部门加强对代理机构制作、发放成交通知书工作的核查、监督	项目负责人
		采招部门	▲未按相关规定的时间发放中标通知书 ▲▲未认真审核中标通知书内容	（1）按时发放中标通知书；（2）根据招投标文件审核中标通知书	项目经办人、主管科长、采招部门负责人

续表 2-6

事项	风险环节	所涉对象及廉政风险点		防控措施及责任主体	
		所涉对象	廉政风险点	防控措施	责任主体
合作创新采购组织流程	中期谈判	评审专家	▲▲未按研发合同约定就研发进度、标志性成果等进行中期谈判	采招部门严格按照《采购(招标)评审专家库和评审专家管理办法》等内控制度,加强对评审专家的监督管理	评审专家
		申购单位	▲▲未按研发合同约定与供应商进行谈判 ▲▲未严格按照研发合同验收阶段结果、淘汰供应商	(1)采招部门对申购单位及相关人员进行培训、辅导,提高其守法遵纪意识;(2)采招部门配合学校纪检监察部门强化现场监督,一旦发现违法违规行为,及时纠正和处置	项目经办人、负责人
		采招部门	▲▲未按研发合同规定及时组织研发中期谈判	严格按照研发合同规定组织研发中期谈判	项目经办人

续表 2-6

事项	风险环节	所涉对象及廉政风险点		防控措施及责任主体	
		所涉对象	廉政风险点	防控措施	责任主体
合作创新采购组织流程	首购程序	评审专家	▲▲▲未按照研发合同约定的评审标准进行首购评审 ▲▲未按法规要求独立评审	(1)采招部门严格按照《采购(招标)评审专家库和评审专家管理办法》等内控制度,加强对评审专家的监督管理;(2)采招部门工作人员加强对谈判小组的现场监管,发现评审专家有违法违规行为的,及时予以处理	评审专家
		申购单位	▲▲▲未按研发合同约定的方法和标准进行创新产品验收 ▲▲▲泄露评审专家信息 ▲▲▲泄露其他供应商报价 ▲▲发表倾向性意见	(1)采招部门对申购单位及相关人员进行培训、辅导,提高其守法遵纪意识;(2)采招部门配合学校纪检监察部门强化现场监督,一旦发现违法违规行为,及时纠正和处置	项目经办人、负责人

续表 2-6

事项	风险环节	所涉对象及廉政风险点		防控措施及责任主体	
		所涉对象	廉政风险点	防控措施	责任主体
合作创新采购组织流程	首购程序	采招部门	▲▲未按规定组织谈判小组 ▲▲▲泄露评审专家信息 ▲▲▲泄露供应商报价	(1)采招部门工作人员严格遵守法律法规和政策文件规定，切实遵行《采购与招标管理办法》的相关要求，提高工作责任心，提升业务能力，合法合规办理创新产品首购程序；(2)采招部门切实执行《采招部门保密制度》《采招部门廉洁自律制度》等内控制度，防范内部工作人员在创新产品首购中的不规范、不廉洁行为	项目经办人、主管科长、中心主任

（四）竞争性磋商、竞争性谈判、询价、框架协议采购组织流程廉政风险点及防控措施

竞争性磋商、竞争性谈判、询价、框架协议采购组织流程廉政风险点及防控措施如表 2-7 所示。

表 2-7 竞争性磋商、竞争性谈判、询价、框架协议采购组织流程廉政风险点及防控措施

所涉对象及廉政风险点		防控措施及责任主体	
所涉对象	廉政风险点	防控措施	责任主体
招标代理委托			
采招部门	▲▲未按规定流程抽取代理公司	严格按照学校内控制度抽取代理公司	代理管理人员
采购申请审批、公告			
采招部门	▲▲▲公开招标失败未进行采购文件论证 ▲▲▲政府采购限额标准以上的项目未经财政部备案或审批 ▲▲▲需要以公开方式征集供应商的未按照规定发布公告	采招部门工作人员严格遵守有关法律法规和政策文件规定，切实遵循《采购与招标管理办法》的相关要求，提高工作责任心，提升业务能力，合法合规办理竞争性磋商、竞争性谈判、询价采购的审批公告工作	项目经办人、项目主管

续表2-7

所涉对象及廉政风险点		防控措施及责任主体	
所涉对象	廉政风险点	防控措施	责任主体
招标代理公司	▲▲▲公开招标失败未进行采购文件论证 ▲▲▲需要以公开方式征集供应商的未按照规定发布公告	按照相关法规发布供应商征集公告	项目负责人
供应商报名			
招标代理公司	▲▲▲采用公开征集方式征集供应商的,人为因素干扰供应商报名 ▲▲▲泄露报名情况和潜在投标人信息 ▲▲▲超时接受报名	(1)采招部门严格按照《采购(招标)代理机构库和代理机构管理办法》等内控制度,加强对招标代理机构的监督管理,督促代理机构做好供应商报名工作;(2)采招部门在供应商报名的具体工作流程中加强核查、监督,一旦发现违法违规行为,及时纠正处置	项目负责人

续表2-7

所涉对象及廉政风险点		防控措施及责任主体	
所涉对象	廉政风险点	防控措施	责任主体
专家抽取			
采招部门	▲▲▲泄露报名情况和潜在投标人信息 ▲▲▲未按规定抽取谈判专家 ▲▲▲泄露专家抽取情况或专家信息	（1）采招部门严格按照管理办法抽取专家；（2）采招部门严格执行《采招部门廉洁自律制度》《采招部门保密制度》等内控制度；（3）采招部门不断改进抽取专家的方法，采用智能化手段，阻断工作人员对被抽取专家信息的掌握	专家管理人员、项目主管
申购单位	▲▲▲打听或泄露报名情况或潜在投标人信息 ▲▲▲未按规定监督抽取谈判专家 ▲▲▲泄露专家抽取情况或专家信息	严格监督机制，严格保守秘密	监督人员

续表2-7

所涉对象及廉政风险点		防控措施及责任主体	
所涉对象	廉政风险点	防控措施	责任主体
采购文件编制，审核，资格审查			
招标代理公司	▲▲未全程录音录像 ▲未按法规要求设置资格条件 ▲▲未按采购需求编制采购文件 ▲▲▲采购文件具有倾向性	(1)采招部门严格按照《采购(招标)代理机构库和代理机构管理办法》等内控制度，加强对招标代理机构的监督管理，督促代理机构做好采购文件编制、审核和资格审查工作；(2)采招部门加强对代理机构相关工作的现场核查，发现违法违规行为及时纠正、处置	项目负责人
采招部门	▲▲未全程录音录像 ▲未仔细检查采购文件	仔细核查采购文件	项目经办人

续表2-7

所涉对象及廉政风险点		防控措施及责任主体	
所涉对象	廉政风险点	防控措施	责任主体
申购单位	▲未仔细检查采购文件中的采购需求	仔细核查采购需求	项目经办人、负责人
磋商小组	▲▲▲未审核政府采购限额以上项目的采购文件	按法规审查采购文件	磋商小组（含采购人代表）
	▲▲▲未对政府采购限额以上的项目进行资格审查	按法规对投标人进行资格审查	
发售采购文件			
招标代理公司	▲▲▲政府采购限额以上项目，未按磋商小组资格审查结果发售采购文件　▲▲▲针对不同的投标人发售不同的采购文件	(1)采招部门严格按照《采购(招标)代理机构库和代理机构管理办法》等内控制度，加强对招标代理机构的监督管理，督促代理机构做好采购文件发售工作；(2)采招部门加强对代理机构相关工作的现场核查，发现违法违规行为及时纠正、处置	项目负责人

续表2-7

所涉对象及廉政风险点		防控措施及责任主体	
所涉对象	廉政风险点	防控措施	责任主体
质疑回复			
招标代理公司	▲▲▲未审核质疑内容和格式是否合规 ▲未按法规规定时间回复质疑 ▲▲▲未与采招中心沟通质疑回复方案 ▲▲▲质疑回复不符合法规要求或回复未依据实际情况 ▲▲▲对采购文件的说明或变更，不通知或不及时通知所有通过资格审查供应商 ▲▲▲未按规定发布项目变更公告	采招部门严格按照《采购（招标）代理机构库和代理机构管理办法》等内控制度，加强对招标代理机构的监督管理，督促代理机构依法依规处理好每项质疑，及时予以回复	项目负责人

续表2-7

所涉对象及廉政风险点		防控措施及责任主体	
所涉对象	廉政风险点	防控措施	责任主体
采招部门	▲对采购文件的说明或变更，不通知或不及时通知所有通过资格审查供应商 ▲未按规定发布项目变更公告 ▲▲▲与采购需求有关的质疑未与申购单位充分沟通	（1）采招部门提高守法依规的自觉性，严格遵守相关法律法规和政策规定，切实执行《采购与招标管理办法》等校内制度，重视质疑和回复工作，加强与申购单位沟通，依法依规办理质疑与回复事务；（2）采招部门严格实行《采招部门廉洁自律制度》等内控制度，杜绝质疑回复中的不廉洁行为	项目经办人、项目主管、部门负责人

续表2-7

所涉对象及廉政风险点		防控措施及责任主体	
所涉对象	廉政风险点	防控措施	责任主体
申购单位	▲▲▲未对质疑中有关采购需求进行回复 ▲▲▲回复中未删除或更改有倾向性的内容	按照法规和学校内控要求按时回复，删除或更改有倾向性的内容	项目负责人
磋商			
申购单位	▲▲▲未按照采购文件规定的程序和办法进行磋商 ▲▲▲发表带有倾向性言论，影响其他磋商小组成员 ▲▲▲未按采购文件规定的程序和标准评审 ▲▲▲未按照磋商后的结果评审计分 ▲▲▲评审畸高畸低，对明显不合理情形未进行说明 ▲▲▲将某一供应商磋商情况或最终报价告知其他供应商 ▲▲▲通信工具未按要求统一存放 ▲▲▲泄露有关评审过程 ▲▲监督人员未严格监督 ▲▲▲监督人员参与评审或发表有倾向性的言论	(1)采招部门对申购单位及相关人员进行培训、辅导，提高其守法遵纪意识；(2)采招部门配合学校纪检监察部门强化现场监督，一旦发现违法违规行为，及时纠正和处置	采购人代表、监督人员

续表2-7

所涉对象及廉政风险点		防控措施及责任主体	
所涉对象	廉政风险点	防控措施	责任主体
磋商小组	▲▲▲未按采购文件规定进行符合性审查,符合性审查不合格进入下一轮评审 ▲▲▲未按照采购文件规定的程序和办法进行磋商 ▲▲▲发表倾向性言论或影响其他评审专家 ▲▲▲采购文件或响应文件存在歧义或不清楚时未进行询问 ▲▲▲评审畸高畸低,对明显不合理情形未进行说明 ▲▲▲通信工具未按要求统一存放 ▲▲评审过程不认真、不仔细 ▲▲▲泄露有关评审过程,将某一供应商磋商情况或最终报价告知其他供应商 ▲▲▲未按法规要求独立评审打分	(1)采招部门严格按照《采购(招标)评审专家库和评审专家管理办法》等内控制度,加强对评审专家的监督管理;(2)采招部门工作人员加强对磋商的现场监管,发现评审专家有违法违规行为的,及时予以处理	评审专家

续表2-7

所涉对象及廉政风险点		防控措施及责任主体	
所涉对象	廉政风险点	防控措施	责任主体
招标代理公司	▲▲未全程录音录像 ▲未提醒或督促磋商小组专家按照采购文件要求进行评审 ▲▲▲评审过程中存在歧义或不清楚时未进行说明，或者未请采招中心经办人进行说明 ▲▲▲发表倾向性言论 ▲▲▲未要求磋商小组专家针对评审畸高畸低或明显不合理情况进行说明 ▲▲▲未维护现场秩序，未阻止评审专家或其他工作人员的倾向性言论 ▲▲未仔细检查专家评审计分及签字情况 ▲▲▲泄露有关评审过程 ▲▲▲以其他方式影响磋商小组评审	（1）采招部门严格按照《采购（招标）代理机构库和代理机构管理办法》等内控制度，加强对招标代理机构的监督管理，督促代理机构依法依规办理好磋商的现场服务工作；（2）采招部门加强现场监控，一旦发现代理机构的违法违规行为，及时纠正、处置	项目负责人

续表2-7

所涉对象及廉政风险点		防控措施及责任主体	
所涉对象	廉政风险点	防控措施	责任主体
采招部门	▲▲未全程录音录像 ▲▲▲以各种方式影响专家评标 ▲▲▲发表倾向性言论 ▲▲▲泄露有关评审过程	（1）采招部门工作人员严格遵守法律法规和政策文件规定，切实遵循《采购与招标管理办法》的相关要求，提高工作责任心，提升业务能力，合法合规办理竞争性磋商的现场管理工作；（2）采招部门切实执行《采招部门保密制度》《采招部门廉洁自律制度》等内控制度，防范内部工作人员在磋商过程中的不规范、不廉洁行为	项目经办人、音视频管理人员

续表2-7

所涉对象及廉政风险点		防控措施及责任主体	
所涉对象	廉政风险点	防控措施	责任主体
谈判			
申购单位	▲▲▲未按照采购文件规定的程序和办法进行谈判 ▲▲▲发表带有倾向性言论，影响其他谈判小组成员 ▲▲▲将某一供应商谈判或最终报价情况告知其他供应商 ▲▲▲未按照符合所有采购需求的合格供应商价格最低原则排序 ▲▲▲通信工具未按要求统一存放 ▲▲▲泄露有关谈判过程 ▲▲监督人员未严格监督 ▲▲▲监督人员参与评审或发表有倾向性的言论	（1）采招部门对申购单位及相关人员进行培训、辅导，提高其守法遵纪意识； （2）采招部门配合学校纪检监察部门强化现场监督，一旦发现违法违规行为，及时纠正和处置	采购人代表、监督人员

续表2-7

所涉对象及廉政风险点		防控措施及责任主体	
所涉对象	廉政风险点	防控措施	责任主体
谈判小组	▲▲▲ 未按采购文件规定进行符合性审查，符合性审查不合格进入下一轮谈判 ▲▲▲ 未按照采购文件规定的程序和办法进行谈判 ▲▲▲ 发表倾向性言论或影响其他谈判专家 ▲▲▲ 采购文件或响应文件存在歧义或不清楚时未进行询问 ▲▲▲ 泄露有关谈判过程，将某一供应商谈判情况或最终报价告知其他供应商 ▲▲▲ 未按照符合所有采购需求的合格供应商价格最低原则排序 ▲▲▲ 通信工具未按要求统一存放 ▲▲ 评审过程不认真、不仔细	(1)采招部门严格按照《采购(招标)评审专家库和评审专家管理办法》等内控制度，加强对评审专家的监督管理；(2)采招部门工作人员加强对竞争性谈判的现场监管，发现评审专家有违法违规行为的，及时予以纠正处理	评审专家

续表2-7

所涉对象及廉政风险点		防控措施及责任主体	
所涉对象	廉政风险点	防控措施	责任主体
招标代理公司	▲▲未全程录音录像 ▲未提醒或督促谈判小组专家按照采购文件要求进行评审 ▲▲▲谈判过程中存在歧义或不清楚时未进行说明，或者未请采招中心经办人进行说明 ▲▲▲泄露有关评审过程，将某一供应商谈判情况或最终报价告知其他供应商 ▲▲▲未提醒谈判小组按照符合所有采购需求的合格供应商价格最低原则排序 ▲▲▲发表倾向性言论 ▲▲▲未维护现场秩序，未阻止评审专家或其他工作人员的倾向性言论 ▲▲未仔细检查专家评审计分及签字情况 ▲▲▲以其他方式影响谈判小组评审	（1）采招部门严格按照《采购（招标）代理机构库和代理机构管理办法》等内控制度，加强对招标代理机构的监督管理，督促代理机构依法依规办理好谈判的现场服务工作；（2）采招部门加强现场监控，一旦发现代理机构的违法违规行为，及时纠正、处置	项目负责人

续表2-7

所涉对象及廉政风险点		防控措施及责任主体	
所涉对象	廉政风险点	防控措施	责任主体
采招部门	▲▲▲发表倾向性言论 ▲▲▲泄露有关评审过程 ▲▲未全程录音录像 ▲▲▲以其他方式影响专家谈判	（1）采招部门工作人员严格遵守法律法规和政策文件规定，切实遵循《采购与招标管理办法》的相关要求，提高工作责任心，提升业务能力，合法合规办理竞争性谈判的现场管理工作；（2）采招部门切实执行《采招部门保密制度》《采招部门廉洁自律制度》等内控制度，防范内部工作人员在谈判过程中的不规范、不廉洁行为	项目经办人、音视频管理人员

续表2-7

所涉对象及廉政风险点		防控措施及责任主体	
所涉对象	廉政风险点	防控措施	责任主体
询价			
申购单位	▲▲▲未按照采购文件规定的程序和办法进行询价 ▲▲▲发表带有倾向性言论，影响其他询价小组成员 ▲▲▲未按照符合所有采购需求的合格供应商价格最低原则排序 ▲▲▲泄露有关比价过程 ▲▲监督人员未严格监督 ▲▲▲监督人员参与评审或发表有倾向性的言论	（1）采招部门对申购单位及相关人员进行培训、辅导，提高其守法遵纪意识；（2）采招部门配合学校纪检监察部门强化现场监督，一旦发现违法违规行为，及时纠正和处置	采购人代表、监督人员
询价小组	▲▲▲未按采购文件规定进行符合性审查，符合性审查不合格进入下一轮询价 ▲▲▲发表倾向性言论或影响其他评审专家 ▲▲▲未按照符合所有采购需求的合格供应商价格最低原则排序 ▲▲评审过程不认真、不仔细	（1）采招部门严格按照《采购（招标）评审专家库和评审专家管理办法》等内控制度，加强对评审专家的监督管理；（2）采招部门工作人员加强对比价评审的现场监管，发现评审专家有违法违规行为的，及时予以纠正处理	评审专家

续表2-7

所涉对象及廉政风险点		防控措施及责任主体	
所涉对象	廉政风险点	防控措施	责任主体
招标代理公司	▲▲未全程录音录像 ▲未提醒或督促询价小组专家按照采购文件要求进行评审 ▲▲▲未提醒询价小组按照符合所有采购需求的合格供应商价格最低原则排序 ▲▲▲发表倾向性言论 ▲▲▲未维护现场秩序，未阻止评审专家或其他工作人员的倾向性言论 ▲▲未仔细检查专家评审计分及签字情况 ▲▲▲泄露有关评审过程 ▲▲▲以其他方式影响询价小组评审	(1)采招部门严格按照《采购(招标)代理机构库和代理机构管理办法》等内控制度，加强对招标代理机构的监督管理，督促代理机构依法依规办理好比价评审的现场服务工作； (2)采招部门加强现场监控，一旦发现代理机构的违法违规行为，及时纠正、处置	项目负责人

续表2-7

所涉对象及廉政风险点		防控措施及责任主体	
所涉对象	廉政风险点	防控措施	责任主体
采招部门	▲▲▲发表倾向性言论 ▲▲▲泄露有关评审过程 ▲▲未全程录音录像 ▲▲▲以其他方式影响专家谈判	(1)采招部门工作人员严格遵守法律法规和政策文件规定,切实遵循《采购与招标管理办法》的相关要求,提高工作责任心,提升业务能力,合法合规办理比价评审的现场管理工作;(2)采招部门切实执行《采招部门保密制度》《采招部门廉洁自律制度》等内控制度,防范内部工作人员在比价评审过程中的不规范、不廉洁行为	项目经办人、音视频管理人员

续表2-7

所涉对象及廉政风险点		防控措施及责任主体	
所涉对象	廉政风险点	防控措施	责任主体
框架协议			
申购单位	▲▲▲未按照采购文件规定的程序公开征集供应商 ▲▲▲未按照采购文件规定的程序和标准评审 ▲▲▲未按照采购文件规定订立框架协议 ▲▲▲评审畸高畸低,对明显不合理情形未进行说明 ▲▲▲将某一供应商入围情况和最终报价告知其他供应商 ▲▲▲通信工具未按要求统一存放 ▲▲▲泄露有关评审过程 ▲▲监督人员未严格监督 ▲▲▲监督人员参与评审或发表有倾向性的言论	规范评审和监督人员的言行;严格按照采购文件和法律法规要求进行评审,切实行使采购人代表和监督人员的权利,履行采购人代表和监督人员的义务	采购人代表、监督人员

续表2-7

所涉对象及廉政风险点		防控措施及责任主体	
所涉对象	廉政风险点	防控措施	责任主体
招标代理公司	▲▲▲未全程录音录像 ▲未提醒或督促专家按照采购文件要求进行评审 ▲▲▲评审过程中存在歧义或不清楚时未进行说明，或者未请采招中心经办人进行说明 ▲▲▲发表倾向性言论 ▲▲▲未要求专家针对评审畸高畸低或明显不合理情况进行说明 ▲▲▲未维护现场秩序，未阻止评审专家或其他工作人员的倾向性言论 ▲▲未仔细检查专家评审计分及签字情况 ▲▲▲泄露有关评审过程 ▲▲▲以其他方式影响评审	严格按照法规要求履职，切实行使代理公司的权利，履行代理公司义务	项目负责人
采招部门	▲▲▲发表倾向性言论 ▲▲▲泄露有关评审过程 ▲▲▲未全程录音录像 ▲▲▲以其他方式影响专家评审	切实行使采购人权利，履行采购人义务，加强音视频资料整理	项目经办人、音视频管理人员

续表2-7

所涉对象及廉政风险点		防控措施及责任主体	
所涉对象	廉政风险点	防控措施	责任主体
成交公告			
招标代理公司	▲▲未按规定时间和内容发布成交公告 ▲▲▲未按指定媒体发布公告或各媒体公告评审结果不一致 ▲▲▲未按照评审结果进行公告，或擅自更改评审结果 ▲▲▲未按要求接收和回复质疑	(1)修订完善《采购与招标管理办法》，细化成交公告工作流程，明确各相关方在发布成交公告中的职责和时程要求；(2)采招部门严格按照《采购(招标)代理机构库和代理机构管理办法》等内控制度，加强对招标代理机构的监督管理，督促代理机构做好成交公告工作	项目负责人
采招部门	▲▲未审核成交公告结果和公告媒体 ▲▲▲未认真审查质疑回复	严格审查成交公告内容，依法回复质疑	项目经办人、项目主管、部门负责人

续表2-7

所涉对象及廉政风险点		防控措施及责任主体	
所涉对象	廉政风险点	防控措施	责任主体
成交通知书			
招标代理公司	▲未按规定时间发放成交通知书 ▲▲▲成交通知书与成交结果公告不一致 ▲发放未盖章成交通知书 ▲▲▲成交通知书关键内容缺失或错误 ▲▲▲未按标准收取代理服务费	(1)采招部门严格按照《采购(招标)代理机构库和代理机构管理办法》等内控制度,加强对招标代理机构的监督管理,督促代理机构做好成交通知书的制作、发放工作;(2)采招部门加强对代理机构制作、发放成交通知书工作的核查、监督	项目负责人
采招部门	▲未按相关规定的时间发放成交通知书 ▲▲未认真审核成交通知书内容	按时发放成交通知书,根据采购和响应文件审核成交通知书	项目经办人、项目主管、部门负责人

（五）邀请招标组织流程廉政风险点及防控措施

货物与服务项目邀请招标廉政风险点及防控措施如表 2-8 所示。

表 2-8　货物与服务项目邀请招标廉政风险点及防控措施

所涉对象及廉政风险点		防控措施及责任主体	
所涉单位	廉政风险点	防控措施	责任主体
招标代理委托			
采招部门	▲▲未按规定流程抽取招标代理机构	严格按照高校相关规定抽取招标代理机构	项目经办人、项目主管
招标文件编制			
招标代理公司	▲▲▲设置不合理条件，排斥潜在投标人	(1)采招部门严格按照《采购(招标)代理机构库和代理机构管理办法》等内控制度，加强对招标代理机构的监督管理；	项目负责人
采招部门	▲▲▲对投标人资质设置不合理，排斥潜在投标人	(2)采招部门严格实施《采招部门廉洁自律制度》，加强内控管理	项目经办人、项目主管、部门负责人

续表2-8

所涉对象及廉政风险点		防控措施及责任主体	
所涉单位	廉政风险点	防控措施	责任主体
供应商推荐(如是)			
申购单位	▲▲▲未结合项目需求充分论证推荐供应商 ▲▲▲未经集体决策推荐供应商	严格按照确定邀请招标的会议精神充分认真地选择供应商	项目负责人
招标(征集)公告发布			
招标代理公司		(1)修订完善《采购与招标管理办法》,进一步规范招标公告发布程序;(2)采招部门严格按照《采购(招标)代理机构库和代理机构管理办法》等内控制度,加强对招标代理机构的监督管理	项目负责人
采招部门	▲▲招标公告发布不符合有关规定		项目经办人、项目主管

续表2-8

所涉对象及廉政风险点		防控措施及责任主体	
所涉单位	廉政风险点	防控措施	责任主体
供应商报名			
招标代理公司	▲▲▲人为因素干扰投标报名 ▲▲▲泄露报名情况和投标人信息 ▲▲▲超时接受报名	严格按照采购与招标管理办法及其上位法有关规定执行	项目负责人
申购单位	▲▲▲打听或泄露报名情况和潜在投标人信息	严格执行相关法规及保密有关规定	项目负责人、分管领导
采招部门	▲▲▲泄露报名情况和潜在投标人信息	采招部门严格执行《采招部门廉洁自律制度》《采招部门保密制度》等内控制度	项目经办人、项目主管
供应商确定			
采招部门	▲▲▲未严格按照需求确定邀请对象	严格按照招标需求确定邀请对象	项目经办人、项目主管、部门负责人

续表2-8

所涉对象及廉政风险点		防控措施及责任主体	
所涉单位	廉政风险点	防控措施	责任主体
邀请函的发出			
招标代理公司	▲▲▲未按要求将邀请函发至每个确定的邀请对象	严格做好监督并落实督导工作	项目负责人
招标答疑			
采招部门	▲▲▲澄清答疑文件没有充分征得申购单位的意见	严格按照"谁主张、谁说明"的原则落实澄清答疑事项	项目经办人人、 项 目主管
招标代理公司	▲对招标文件的说明或解释,不通知或不及时通知所有招标文件收受人 ▲▲未按规定发布项目澄清答疑变更公告 ▲▲▲项目澄清答疑变更公告未报采招中心审定	采招部门严格按照《采购(招标)代理机构库和代理机构管理办法》等内控制度,加强对招标代理机构的监督管理,督促代理机构依法依规处理好答疑事项,及时予以回复	项目负责人

续表2-8

所涉对象及廉政风险点		防控措施及责任主体	
所涉单位	廉政风险点	防控措施	责任主体
专家抽取			
采招部门	▲▲▲未按规定抽取评标专家 ▲▲▲泄露专家抽取情况	(1)采招部门严格按照《采购与招标管理办法》抽取专家;(2)采招部门严格执行《采招部门廉洁自律制度》《采招部门保密制度》等内控制度;(3)采招部门不断改进抽取专家的方法,采用智能化手段,阻断工作人员对被抽取专家信息的掌握	项目经办人、项目主管
开标			
招标代理公司	▲▲▲泄露专家抽取情况或专家信息 ▲▲▲未按规定时间、地点开标,或更改时间、地点未进行公告 ▲▲▲身份验证未严格按照招标文件执行 ▲▲▲开标前未检查投标文件密封情况 ▲▲开标未按规范程序进行 ▲▲▲未全程录音录像	采招部门严格按照《采购(招标)代理机构库和代理机构管理办法》等内控制度,加强对招标代理机构的监督管理,督促代理机构做好开标工作	项目负责人

续表2-8

所涉对象及廉政风险点		防控措施及责任主体	
所涉单位	廉政风险点	防控措施	责任主体
采招部门	▲未督促代理公司按照程序开标 ▲▲▲身份验证未严格按照招标文件执行 ▲▲未全程录音录像	(1)采招部门严格执行《采招部门廉洁自律制度》《采招部门保密制度》等内控制度;(2)采招部门进一步完善开标场所的条件,确保录音录像得以实施	项目经办人、音视频管理人员
评标定标			
申购单位	▲▲▲发表带有倾向性言论,影响其他评标专家 ▲▲▲未按招标文件规定的程序和标准评标 ▲▲▲通信工具未按要求统一存放 ▲▲▲泄露有关评标过程 ▲▲监督人员未严格监督 ▲▲▲监督人员参与评标或发表有倾向性的言论 ▲▲▲以其他方式影响专家评标	(1)采招部门严格执行《采购与招标管理办法》,加强与申购单位协调,选派高素质的业主评委;(2)采招部门对业主评委进行必要的培训,宣讲法律法规和学校相关制度,提升其履职能力	评委、监督人员

续表2-8

所涉对象及廉政风险点		防控措施及责任主体	
所涉单位	廉政风险点	防控措施	责任主体
评标委员会	▲▲▲未按照招标文件进行评标计分 ▲▲▲发表倾向性言论或影响其他专家评标 ▲▲▲招标文件或投标文件存在歧义或不清楚时未进行集体讨论 ▲▲▲评标畸高畸低、明显不合理情形未进行说明 ▲▲▲未按法规要求独立评标打分 ▲▲评标过程不认真、不仔细 ▲▲▲通信工具未按要求统一存放 ▲▲▲泄露有关评标过程	(1)采招部门按照《采购与招标管理办法》的规定,建设高水准的评审专家库; (2)采招部门严格实施《采购(招标)评审专家库和评审专家管理办法》等内控制度,加强对评标专家的监督管理,实行评审专家库动态调整; (3)采招部门加强评标现场监控,发现违规行为及时处理	评标专家

续表2-8

所涉对象及廉政风险点		防控措施及责任主体	
所涉单位	廉政风险点	防控措施	责任主体
招标代理公司	▲▲▲未全程录音录像 ▲未提醒或督促评标专家按照招标文件要求进行评标 ▲▲▲评标过程中存在歧义或不清楚时未进行说明，或者未请采招中心经办人进行说明 ▲▲▲发表倾向性言论 ▲▲▲未要求评标专家针对评标畸高畸低或明显不合理情况进行说明 ▲▲▲未维护现场秩序或未阻止评标专家或其他工作人员的倾向性言论 ▲▲未仔细检查专家评标计分及签字情况 ▲▲▲泄露有关评标过程 ▲▲▲以其他方式影响专家评标	采招部门严格按照《采购(招标)代理机构库和代理机构管理办法》等内控制度，加强对招标代理机构的监督管理，督促代理机构做好评标服务工作	项目负责人

续表2-8

所涉对象及廉政风险点		防控措施及责任主体	
所涉单位	廉政风险点	防控措施	责任主体
采招部门	▲▲▲发表倾向性言论 ▲▲▲泄露有关评标过程 ▲▲未全程录音录像 ▲▲▲以其他方式影响专家评标	切实行使招标人权利，履行招标人义务，加强音视频资料整理	项目经办人、音视频管理人员
中标公告发布			
招标代理公司	▲▲未按规定时间和内容公告评标结果 ▲▲▲未按指定媒体发布公告或各媒体公告评标结果不一致 ▲▲▲未按照评标结果进行公告，或擅自更改评标结果 ▲▲▲不受理依法依规的质疑或受理后不认真核查 ▲▲▲质疑回复未经采招中心审定	(1)修订完善《采购与招标管理办法》，细化中标结果公告工作流程，明确各相关方在发布中标公告中的职责和时限要求；(2)采招部门严格按照《采购(招标)代理机构库和代理机构管理办法》等内控制度，加强对招标代理机构的监督管理，督促代理机构做好中标结果公告工作	项目负责人
采招部门	▲▲未审核中标候选人公示和公告媒体 ▲▲▲未认真审查质疑回复	严格审查中标候选人公示内容，依法回复质疑	项目经办人、项目主管、部门负责人

续表2-8

所涉对象及廉政风险点		防控措施及责任主体	
所涉单位	廉政风险点	防控措施	责任主体
中标通知书发放			
招标代理公司	▲未按规定时间发放中标通知书 ▲▲▲中标通知书与中标结果不一致 ▲▲发放未盖章中标通知书 ▲▲▲中标通知书关键内容缺失或错误 ▲▲▲未按标准收取代理服务费	严格按照招标内容及中标人投标文件拟定并发放中标通知书	代理公司项目经理
采招部门	▲未按相关规定的时间发放中标通知书 ▲▲未认真审核中标通知书内容	按时发放中标通知书，根据招标和投标文件审核中标通知书	项目经办人、项目主管、部门负责人

三、自行采购

(一) 自行采购组织流程

自行采购组织流程如图 2-6 所示。

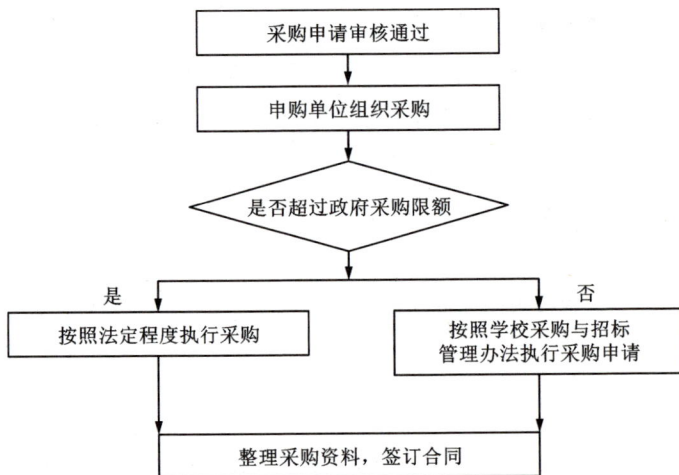

图 2-6 自行采购组织流程

(二) 自行采购组织流程廉政风险点及防控措施

自行采购组织流程廉政风险点及防控措施如表2-9所示。

表2-9 自行采购组织流程廉政风险点及防控措施

所涉对象及廉政风险点		防控措施及责任主体	
所涉对象	廉政风险点	防控措施	责任主体
申购单位	▲▲任意选择采购方式	依法依规选择合适的采购方式	项目负责人、主管领导
	▲▲随意修改采购需求	严格按照采购申请及批复意见执行采购	项目经办人、负责人
	▲采购资料不完备	按有关规定留存采购资料并及时备份	项目经办人
	▲▲▲采购流程及结果未经审核	严格执行采购与招标管理办法	项目经办人、负责人、主管领导
	▲▲▲未按照采购需求及结果签订合同	严格按照采购资料及学校有关规定签订合同	项目经办人、负责人、主管领导
归口管理部门、采招部门	▲▲▲未按照申请及批复执行采购 ▲▲采购流程不符合规定 ▲▲▲未按照采购需求及结果签订合同	严格审核,及时监管,定期抽查	部门负责人

第三章

工程项目招标采购
廉政风险点及防控措施

"以猛药去疴、重典治乱之决心，以刮骨疗毒、壮士断腕的勇气，坚决把党风廉政建设和反腐败斗争进行到底。"

第一节

工程项目招标采购申请审批环节
廉政风险点及防控措施

导 语

　　此环节风险点主要在申购单位。当然，工程项目前期的管理审核部门也有较大责任。早在采购申请提交之前，从项目立项到设计方案、施工图、工程量清单等文件的准备，专用合同条款的确定，都是重要环节。也就是说，虽然申请环节节点不多，但是招标工作涉及的风险管理在此之前就已经开始。有据可依，充分的市场调研是为招标人保驾护航的利器。

一、工程项目公开招标申请审批流程图

工程项目公开招标申请审批流程如图 3-1 所示。

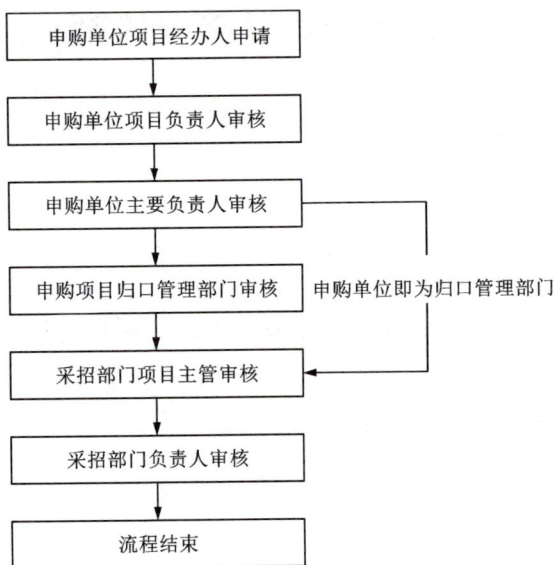

```
┌────────────────────────┐
│   申购单位项目经办人申请   │
└────────────────────────┘
            │
┌────────────────────────┐
│   申购单位项目负责人审核   │
└────────────────────────┘
            │
┌────────────────────────┐
│  申购单位主要负责人审核   │
└────────────────────────┘
            │
┌────────────────────────┐        申购单位即为归口管理部门
│  申购项目归口管理部门审核  │
└────────────────────────┘
            │
┌────────────────────────┐
│   采招部门项目主管审核    │
└────────────────────────┘
            │
┌────────────────────────┐
│   采招部门负责人审核     │
└────────────────────────┘
            │
┌────────────────────────┐
│       流程结束          │
└────────────────────────┘
```

图 3-1　申请审批流程

二、申请审批廉政风险点及防控措施

工程项目公开招标采购申请审批廉政风险点及防控措施如表 3-1 所示。

表 3-1　工程项目公开招标采购申请审批廉政风险点及防控措施

所涉单位及廉政风险点		防控措施及责任人	
所涉单位	廉政风险点	防控措施	责任主体
申请资料审核			
申购单位	▲▲项目立项、控制价、工程量清单、资金证明等(工程相关货物采购包括技术参数、商务要求)所需资料不完整 ▲▲▲项目建设未经集体决策 ▲▲项目初步设计及概算未经批复 ▲▲工程量清单编制出现内容错误 ▲▲施工图未经审查 ▲▲▲控制价审核金额超出批复金额	(1)修订完善《采购与招标管理办法》,强化项目立项论证、审批流程;(2)采招部门加大宣传、辅导和监督;(3)二级单位建立、完善采购项目立项论证制度,切实遵守二级单位、学校相关规定要求;(4)修订完善《工程项目招标管理实施细则》,强化项目设计概算审批流程	项目负责人及主要领导

续上表

所涉单位及廉政风险点		防控措施及责任人	
所涉单位	廉政风险点	防控措施	责任主体
归口管理部门	▲▲▲对申购单位所提交项目资料审核不严、项目建设必经流程把控不严	依法依规审批及监管	审核人
采招部门	▲▲申请材料不齐全，不具备招标条件	依法依规审查招标资料和招标申请手续	项目经办人、项目主管
采招部门	▲▲未严格按审批流程审批	修订完善《工程项目招标管理实施细则》，强化项目审批流程	部门负责人

第二节

非招标方式申请审批环节
廉政风险点及防控措施

导语

依法必招限额以下的项目可以采用非招标方式进行。在非招标方式采购中，各供应商竞争将大大减小，这导致一部分采购人通过化整为零将必须招标项目拆分成以非招标方式进行的项目。本节将详细说明在非招标方式申请审批中可能出现的廉政风险和对应的防范措施，让采购人真正合法合理地有效利用好非招标方式。

一、申请审批流程图

工程项目非招标方式采购申请审批流程如图 3-2 所示。

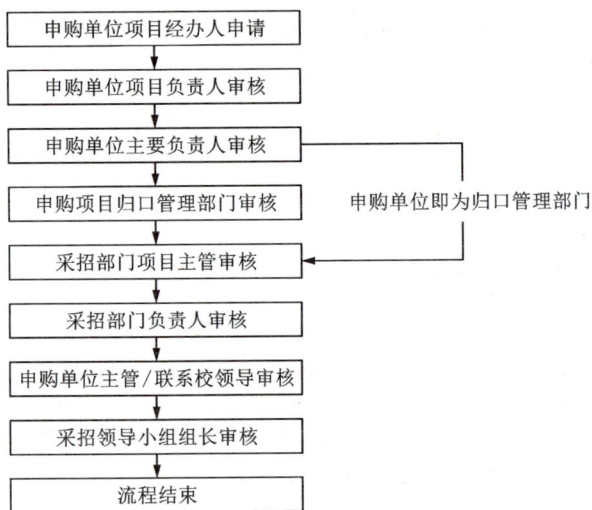

图 3-2　工程项目非招标方式采购申请审批流程

二、非招标申请审批廉政风险点及防控措施

工程项目非公开招标采购申请审批廉政风险点及防控措施如表 3-2 所示。

表 3-2　工程项目非公开招标采购申请审批廉政风险点及防控措施

所涉单位及廉政风险点		防控措施及责任人	
所涉单位	廉政风险点	防控措施	责任主体
采购方式审批			
申购单位	▲▲▲非公开招标采购未经集体决策，未上报主管校领导审批	按"三重一大"议事原则进行集体决策后，报主管校领导审批	分管领导、主要领导
归口管理部门	▲▲▲项目立项和报建手续不齐全，或不具备报建条件	依法依规办理立项和报建手续	审核人
采招部门	▲▲▲不具备采购或招标条件，或不符合非公开招标条件 ▲▲不符合非公开招标条件	依法依规办理招标手续及审核相应招标方式；依法依规严格审核招标方式	项目经办人、项目主管、部门负责人

第三节

招标组织流程环节廉政风险点及防控措施

导·语

　　此环节风险点主要在采招部门，不论在招标文件的编制环节参与商定实质性条款的部门有多少，最终，招标文件的合法性、合规性都是由采招部门负主体责任的。当然，在招标文件公开之前，所有的编制、审核节点均存在廉政风险，招标文件公开之后，也会牵扯到相关的招标代理机构及评审专家。目前来看，不论是从《招标投标法》还是从《政府采购法》的角度，招标采购的组织与实施都是极其重视流程的。虽然招标采购工作最终会落实到重视履约上去，但是目前以及将来很长一段时间我们还是会在重视采招流程的道路上奋斗。工作中应做到"不该说的不说，不该做的不做，不该突破的坚决不能突破"。

一、公开招标

(一)公开招标组织流程图

工程项目公开招标组织流程如图 3-3 所示。

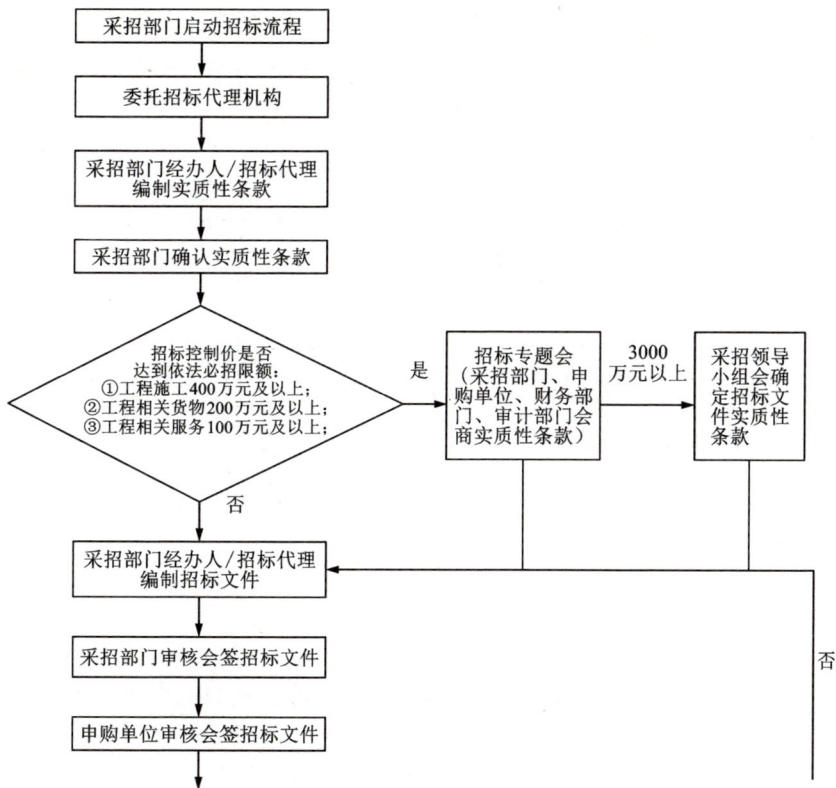

图 3-3(a)　公开招标组织流程

审计部门审核会签招标文件

招标控制价是否达到依法必招限额 ——是→ 财务部门审核会签招标文件

↓
会签后的招标文件送相关地区住建部门招标办审核，并准备招标进窗表格

否↓

发布招标公告

招标控制价是否达到依法必招限额 ——是→ 招标文件挂网（接受并处理质疑）

否↓

发售招标文件（接受并处理质疑）

否，延长报名时间

报名截止时间投标人数量是否达到3家及以上 ——是→ 投标文件递交截止时间是否满足开标条件

是↓

开评标

↓
中标候选人公示（接受并处理质疑）

↓
发放中标通知书

↓
流程结束

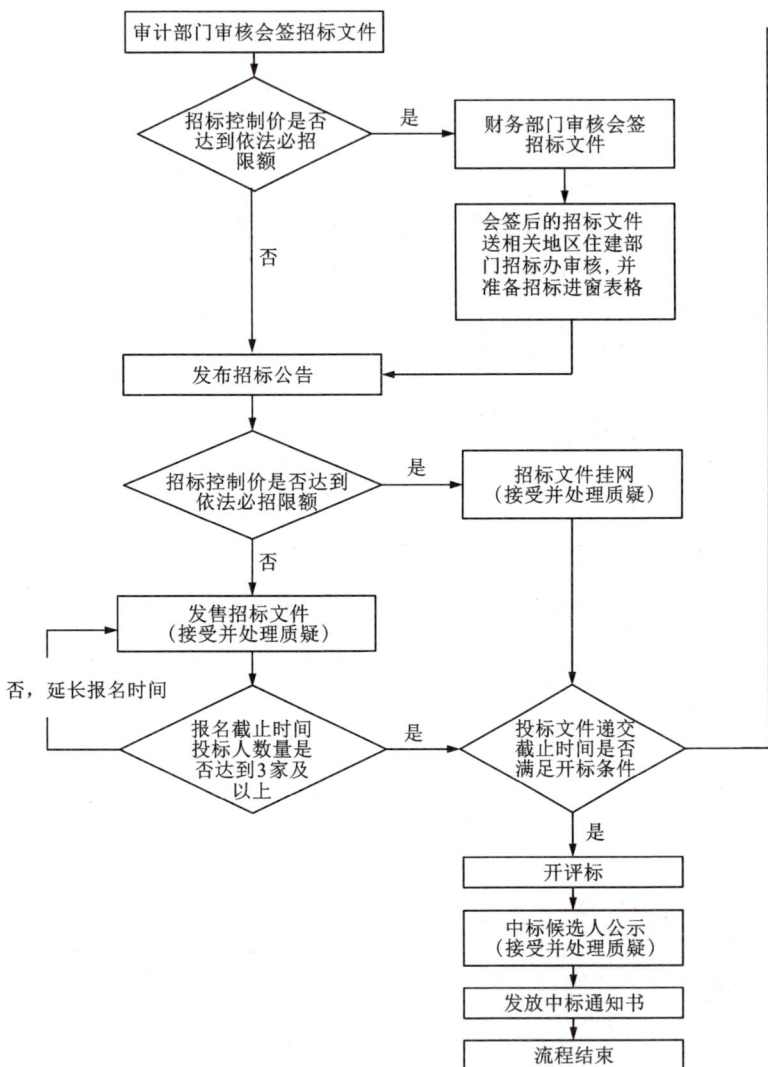

图 3-3(b)　公开招标组织流程

(二)公开招标廉政风险点及防控措施

公开招标廉政风险点及防控措施如表 3-3 所示。

表 3-3　公开招标廉政风险点及防控措施

所涉对象及廉政风险点		防控措施及责任主体	
所涉单位	廉政风险点	防控措施	责任主体
招标代理委托			
采招部门	▲▲未按规定流程抽取招标代理机构	严格按照高校相关规定抽取招标代理机构	经办人
招标文件编制			
申购单位	▲▲▲有意肢解、缩小工程规模规避招标 ▲▲▲招标清单编制不准确、招标控制价结果误差较大、项目招标设置隐性条款排斥潜在投标人	严格执行《中华人民共和国招标投标法》、建设工程计价办法	项目负责人、分管领导

续表3-3

所涉对象及廉政风险点		防控措施及责任主体	
所涉单位	廉政风险点	防控措施	责任主体
招标代理公司		(1)采招部门严格按照《采购(招标)代理机构库和代理机构管理办法》等内控制度,加强对招标代理机构的监督管理;(2)采招部门严格实施《采招部门廉洁自律制度》,加强内控管理	项目负责人
采招部门	▲▲▲设置不合理条件,排斥潜在投标人 ▲▲▲对投标人资质设置不合理,排斥潜在投标人		项目经办人、项目主管、部门负责人
归口管理部门	▲▲对招标文件包括但不限于招标工程量清单和招标控制价、招标公告、投标人须知、评标办法、合同等内容的审核不严	严格执行建设工程计价办法,实行招标文件集体讨论、会签制度	审核人
职能部门			分管领导

续表3-3

所涉对象及廉政风险点		防控措施及责任主体	
所涉单位	廉政风险点	防控措施	责任主体
招标公告发布			
招标代理公司	▲▲招标公告发布不符合有关规定	（1）修订完善《采购与招标管理办法》，进一步规范招标公告发布程序；（2）采招部门严格按照《采购（招标）代理机构库和代理机构管理办法》等内控制度，加强对招标代理机构的监督管理	项目负责人
供应商报名			
招标代理公司	▲▲▲人为因素干扰投标报名 ▲▲▲泄露报名情况和潜在投标人信息 ▲▲▲超时接受报名	严格执行相关法规及保密有关规定	项目负责人
申购单位	▲▲▲打听或泄露报名情况和潜在投标人信息	严格执行相关法规及保密有关规定	项目负责人、分管领导

续表3-3

所涉对象及廉政风险点		防控措施及责任主体	
所涉单位	廉政风险点	防控措施	责任主体
采招部门	▲▲▲泄露报名情况和潜在投标人信息	采招部门严格执行《采招部门廉洁自律制度》《采招部门保密制度》等内控制度	项目经办人、项目主管
招标答疑			
采招部门	▲▲▲澄清答疑文件没有充分征得申购单位或审计部门的意见	严格按照"谁主张、谁说明"的原则落实澄清答疑事项	项目经办人、项目主管
招标代理公司	▲对招标文件的说明或解释，不通知或不及时通知所有招标文件收受人 ▲▲未按规定发布项目澄清答疑变更公告 ▲▲▲项目澄清答疑变更公告未报采招中心审定	采招部门严格按照《采购（招标）代理机构库和代理机构管理办法》等内控制度，加强对招标代理机构的监督管理，督促代理机构依法依规处理好答疑事项，及时予以回复	项目负责人

续表3-3

所涉对象及廉政风险点		防控措施及责任主体	
所涉单位	廉政风险点	防控措施	责任主体
专家抽取			
采招部门	▲▲▲未按规定抽取评标专家 ▲▲▲泄露专家抽取情况或专家信息	(1)采招部门严格按照《采购与招标管理办法》抽取专家；(2)采招部门严格执行《采招部门廉洁自律制度》《采招部门保密制度》等内控制度；(3)采招部门不断改进抽取专家的方法，采用智能化手段，阻断工作人员对被抽取专家信息的掌握	项目经办人、项目主管
开标			
招标代理公司	▲▲▲泄露专家抽取情况或专家信息 ▲▲▲未按规定时间、地点开标，或更改时间、地点未进行公告 ▲▲▲身份验证未严格按照招标文件执行 ▲▲▲开标前未检查投标文件密封情况 ▲▲开标未按规范程序进行 ▲▲▲未全程录音录像	采招部门严格按照《采购(招标)代理机构库和代理机构管理办法》等内控制度，加强对招标代理机构的监督管理，督促代理机构做好开标工作	项目负责人

续表3-3

所涉对象及廉政风险点		防控措施及责任主体	
所涉单位	廉政风险点	防控措施	责任主体
采招部门	▲未督促代理公司按照程序开标 ▲▲身份验证未严格按照招标文件执行 ▲▲未全程录音录像	(1)采招部门严格执行《采招部门廉洁自律制度》《采招部门保密制度》等内控制度；(2)采招部门进一步完善开标场所的条件，确保录音录像得以实施；(3)对于超大金额的招标项目，安排到湖南省公共资源交易中心开标	经办人、音视频管理人员
评标定标			
申购单位	▲▲▲发表带有倾向性言论，影响其他评标专家 ▲▲▲未按招标文件规定程序和标准评标 ▲▲▲通信工具未按要求统一存放 ▲▲▲泄露有关评审过程 ▲▲监督人员未严格监督 ▲▲▲监督人员参与评标或发表有倾向性的言论 ▲▲▲以其他方式影响专家评标	(1)采招部门严格执行《采购与招标管理办法》，加强与申购单位协调，选派高素质的业主评委；(2)采招部门对业主评委进行必要的培训，宣讲法律法规和学校相关制度，提升其履职能力	业主评委、监督人员

续表3-3

所涉对象及廉政风险点		防控措施及责任主体	
所涉单位	廉政风险点	防控措施	责任主体
评标委员会	▲▲▲未按照招标文件进行评标计分 ▲▲▲发表倾向性言论或影响其他专家评标 ▲▲▲招标文件或投标文件存在歧义或不清楚时未进行集体讨论 ▲▲▲评标畸高畸低、明显不合理情形未进行说明 ▲▲▲评委未按法规要求独立评标打分 ▲▲评标过程不认真、不仔细 ▲▲▲通信工具未按要求统一存放 ▲▲▲泄露有关评标过程	(1)采招部门按照《采购与招标管理办法》的规定,建设高水准的评审专家库; (2)采招部门严格实施《采购(招标)评审专家库和评审专家管理办法》等内控制度,加强对评标专家的监督管理,实行评审专家库动态调整; (3)采招部门加强评标现场监控,发现违规行为及时处理	评标专家

171

续表3–3

所涉对象及廉政风险点		防控措施及责任主体	
所涉单位	廉政风险点	防控措施	责任主体
招标代理公司	▲▲▲未全程录音录像 ▲未提醒或督促评审专家按照招标文件要求进行评审 ▲▲▲评标过程中存在歧义或不清楚时未进行说明，或者未请采招中心经办人进行说明 ▲▲▲发表倾向性言论 ▲▲▲未要求评标专家针对评审畸高畸低或明显不合理情况进行说明 ▲▲▲未维护现场秩序，未阻止评标专家或其他工作人员的倾向性言论 ▲▲未仔细检查专家评标计分情况、签字情况 ▲▲▲泄露有关评标过程 ▲▲▲以其他方式影响专家评标	采招部门严格按照《采购（招标）代理机构库和代理机构管理办法》等内控制度，加强对招标代理机构的监督管理，督促代理机构做好评标服务工作	项目负责人

续表3-3

所涉对象及廉政风险点		防控措施及责任主体	
所涉单位	廉政风险点	防控措施	责任主体
采招部门	▲▲▲发表倾向性言论 ▲▲▲泄露有关评审过程 ▲▲未全程录音录像 ▲▲▲以其他方式影响专家评标	切实行使招标人权利，履行招标人义务，加强音视频资料整理	经办人、音视频管理人员
中标候选人公示			
招标代理公司	▲▲未按规定时间和内容公告评标结果 ▲▲▲未按指定媒体公告或各媒体公告评标结果不一致 ▲▲▲未按照评标结果进行公告，或擅自更改评标结果 ▲▲▲不受理依法依规的质疑或受理后不认真核查 ▲▲▲质疑回复未经采招中心审定	（1）修订完善《采购与招标管理办法》，细化中标结果公告工作流程，明确各相关方在发布中标候选人公告中的职责和时程要求；（2）采招部门严格按照《采购(招标)代理机构库和代理机构管理办法》等内控制度，加强对招标代理机构的监督管理，督促代理机构做好中标候选人公告工作	项目负责人

续表3-3

所涉对象及廉政风险点		防控措施及责任主体	
所涉单位	廉政风险点	防控措施	责任主体
采招部门	▲▲未审核中标候选人公示和公告媒体 ▲▲▲未认真审查质疑回复	严格审查中标候选人公示内容，依法回复质疑	经办人、项目主管、部门负责人
中标通知书发放			
招标代理公司	▲未按规定时间发放中标通知书 ▲▲▲中标通知书与中标结果不一致 ▲▲发放未盖章中标通知书 ▲▲▲中标通知书关键内容缺失或错误	严格按照招标内容及中标人投标文件拟定并发放中标通知书	项目负责人
采招部门	▲未按相关规定的时间发放中标通知书 ▲▲未认真审核中标通知书内容	按时发放中标通知书，根据招标和投标文件审核中标通知书	项目经办人、项目主管、部门负责人

二、邀请招标

(一)邀请招标组织流程图

工程项目邀请招标组织流程如图 3-4 所示。

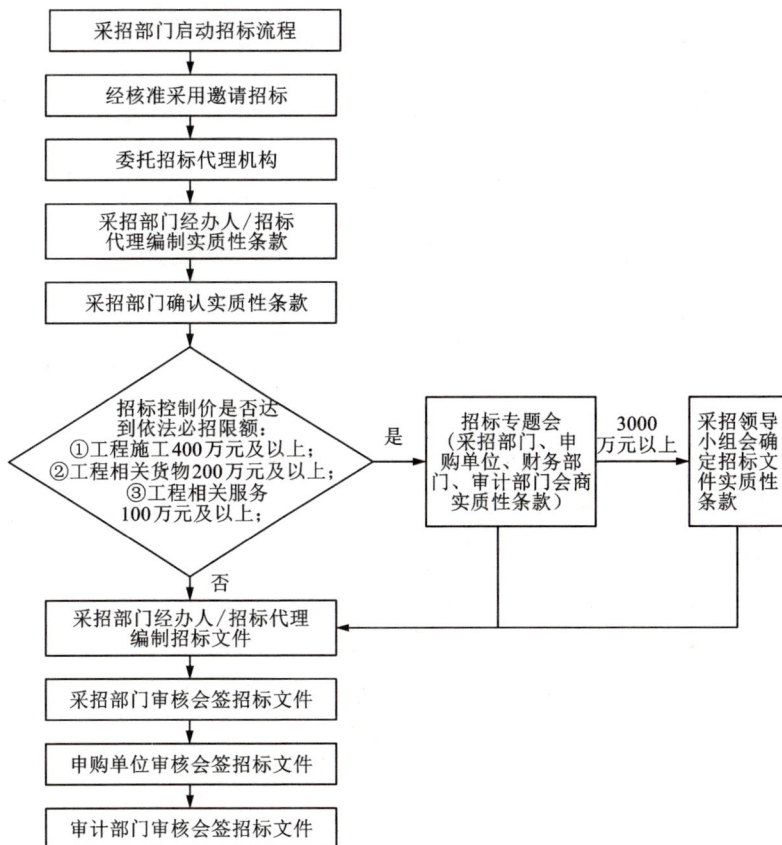

图 3-4(a)　邀请招标组织流程

```
                            │
                            ▼
              ┌─────────────────────┐         是        ┌──────────────────┐
              ╱  招标控制价是否达到  ╲───────────────────→│  财务部门审核会    │
              ╲    依法必招限额      ╱                    │  签招标文件        │
              └─────────────────────┘                    └──────────────────┘
                            │                                     │
                            │                                     ▼
                           否                            ┌──────────────────┐
                            │                            │ 会签后的招标文件送相关│
                            │                            │ 地区住建部门招标办审核，│
                            ▼                            │ 并准备招标进窗表格 │
┌──────────────┐   ┌──────────────────┐                 └──────────────────┘
│ 供应商推荐    │   │  发布招标（征集）公告│                          │
│ （如需）      │   └──────────────────┘                          ▼
└──────────────┘            │                            ┌──────────────────┐
       │            ┌──────────────────┐                 │   供应商推荐       │
       │            │   供应商确定      │                 └──────────────────┘
       │            └──────────────────┘                          │
       │                    │                                     │
       └───────────→┌──────────────────┐←──────────────────────────┘
                    │   招标文件发售    │
                    └──────────────────┘
                            │
                    ┌──────────────────┐
                    │     开评标        │
                    └──────────────────┘
                            │
                    ┌──────────────────┐
                    │  中标候选人公示    │
                    │ （接受并处理质疑） │
                    └──────────────────┘
                            │
                    ┌──────────────────┐
                    │  发放中标通知书    │
                    └──────────────────┘
                            │
                    ┌──────────────────┐
                    │    流程结束        │
                    └──────────────────┘
```

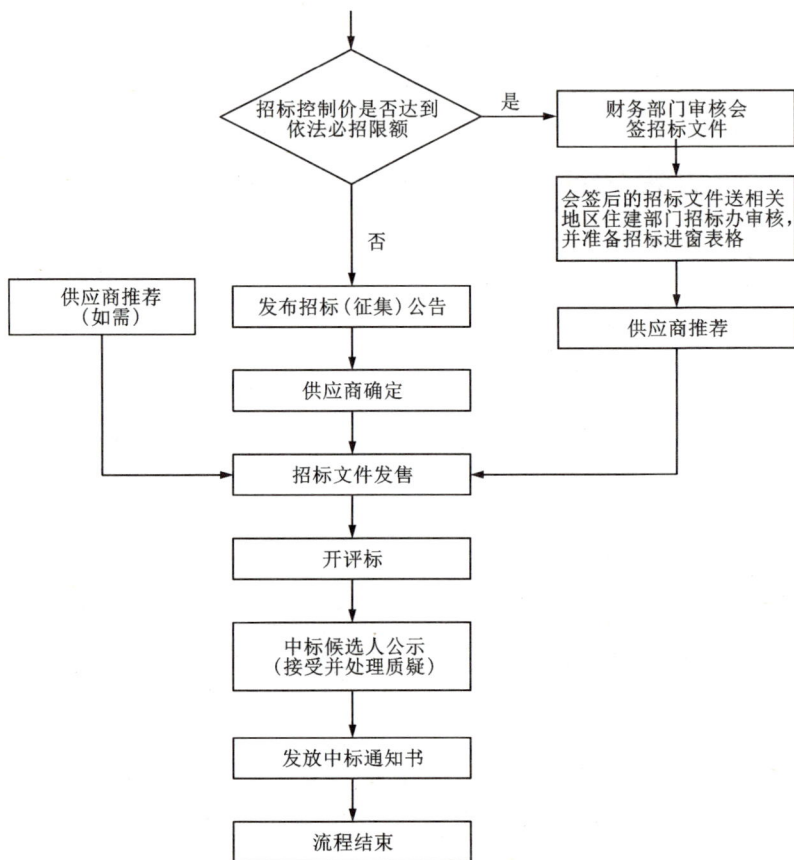

图 3-4(b)　邀请招标组织流程

(二)邀请招标组织流程廉政风险点及防控措施

工程项目邀请招标廉政风险点及防控措施如表3-4所示。

表3-4　工程项目邀请招标廉政风险点及防控措施

所涉对象及廉政风险点		防控措施及责任主体	
所涉单位	廉政风险点	防控措施	责任主体
招标代理委托			
采招部门	▲▲未按规定流程抽取招标代理机构	严格按照高校相关规定抽取招标代理机构	项目经办人、项目主管
招标文件编制			
申购单位	▲▲▲有意肢解、缩小工程规模规避招标 ▲▲▲招标清单编制不准确、招标控制价结果误差较大、项目招标设置隐性条款排斥潜在投标人	严格执行《中华人民共和国招标投标法》、建设工程计价办法	项目负责人、分管领导

续表3-4

所涉对象及廉政风险点		防控措施及责任主体	
所涉单位	廉政风险点	防控措施	责任主体
招标代理公司	▲▲▲设置不合理条件，排斥潜在投标人	(1)采招部门严格按照《采购(招标)代理机构库和代理机构管理办法》等内控制度，加强对招标代理机构的监督管理；(2)采招部门严格实施《采招部门廉洁自律制度》，加强内控管理	项目负责人
采招部门	▲▲▲对投标人资质设置不合理，排斥潜在投标人		项目经办人、项目主管、部门负责人
归口管理部门	▲▲对招标文件包括但不限于招标工程量清单和招标控制价、招标公告、投标人须知、评标办法、合同等内容的审核不严	严格执行建设工程计价办法，实行招标文件集体讨论、会签制度	审核人
职能部门			分管领导
供应商推荐(如是)			
申购单位	▲▲▲未结合项目需求充分论证推荐供应商 ▲▲▲未经集体决策推荐供应商	严格按照确定邀请招标的会议精神充分认真地选择供应商	项目负责人

续表3-4

所涉对象及廉政风险点		防控措施及责任主体	
所涉单位	廉政风险点	防控措施	责任主体
招标(征集)公告发布			
招标代理公司	▲▲招标公告发布不符合有关规定	(1)修订完善《采购与招标管理办法》,进一步规范招标公告发布程序;(2)采招部门严格按照《采购(招标)代理机构库和代理机构管理办法》等内控制度,加强对招标代理机构的监督管理	项目负责人
采招部门			项目经办人、项目主管
供应商报名			
招标代理公司	▲▲▲人为因素干扰投标报名 ▲▲▲泄露报名情况和投标人信息 ▲▲▲超时接受报名	严格按照采购与招标管理办法及其上位法有关规定执行	项目负责人
申购单位	▲▲▲打听或泄露报名情况和潜在投标人信息	严格执行相关法规及保密有关规定	项目负责人、分管领导

续表3-4

所涉对象及廉政风险点		防控措施及责任主体	
所涉单位	廉政风险点	防控措施	责任主体
采招部门	▲▲▲泄露报名情况和潜在投标人信息	采招部门严格执行《采招部门廉洁自律制度》《采招部门保密制度》等内控制度	项目经办人、项目主管
供应商确定			
采招部门	▲▲▲未严格按照需求确定邀请对象	严格按照招标需求确定邀请对象	项目经办人、项目主管、部门负责人
邀请函的发出			
招标代理公司	▲▲▲未按要求将邀请函发至每个确定的邀请对象	严格做好监督并落实督导工作	项目负责人
招标答疑			
采招部门	▲▲▲澄清答疑文件没有充分征得申购单位的意见	严格按照"谁主张、谁说明"的原则落实澄清答疑事项	项目经办人、项目主管

续表3-4

所涉对象及廉政风险点		防控措施及责任主体	
所涉单位	廉政风险点	防控措施	责任主体
招标代理公司	▲对招标文件的说明或解释，不通知或不及时通知所有招标文件收受人 ▲▲未按规定发布项目澄清答疑变更公告 ▲▲▲项目澄清答疑变更公告未报采招中心审定	采招部门严格按照《采购(招标)代理机构库和代理机构管理办法》等内控制度，加强对招标代理机构的监督管理，督促代理机构依法依规处理好答疑事项，及时予以回复	项目负责人
专家抽取			
采招部门	▲▲▲未按规定抽取评标专家 ▲▲▲泄露专家抽取情况	(1)采招部门严格按照《采购与招标管理办法》抽取专家； (2)采招部门严格执行《采招部门廉洁自律制度》《采招部门保密制度》等内控制度；(3)采招部门不断改进抽取专家的方法，采用智能化手段，阻断工作人员对被抽取专家信息的掌握	项目经办人、项目主管

续表3-4

所涉对象及廉政风险点		防控措施及责任主体	
所涉单位	廉政风险点	防控措施	责任主体
开标			
招标代理公司	▲▲▲泄露专家抽取情况或专家信息 ▲▲▲未按规定时间、地点开标，或更改时间、地点未进行公告 ▲▲▲身份验证未严格按照招标文件执行 ▲▲▲开标前未检查投标文件密封情况 ▲▲开标未按规范程序进行 ▲▲▲未全程录音录像	采招部门严格按照《采购(招标)代理机构库和代理机构管理办法》等内控制度，加强对招标代理机构的监督管理，督促代理机构做好开标工作	项目负责人
采招部门	▲未督促代理公司按照程序开标 ▲▲▲身份验证未严格按照招标文件执行 ▲▲未全程录音录像	(1)采招部门严格执行《采招部门廉洁自律制度》《采招部门保密制度》等内控制度；(2)采招部门进一步完善开标场所的条件，确保录音录像得以实施	项目经办人、音视频管理人员

续表3-4

所涉对象及廉政风险点		防控措施及责任主体	
所涉单位	廉政风险点	防控措施	责任主体
评标定标			
申购单位	▲▲▲发表带有倾向性言论,影响其他评标专家 ▲▲▲未按招标文件规定的程序和标准评标 ▲▲▲通信工具未按要求统一存放 ▲▲▲泄露有关评标过程 ▲▲监督人员未严格监督 ▲▲▲监督人员参与评标或发表有倾向性的言论 ▲▲▲以其他方式影响专家评标	(1)采招部门严格执行《采购与招标管理办法》,加强与申购单位协调,选派高素质的业主评委;(2)采招部门对业主评委进行必要的培训,宣讲法律法规和学校相关制度,提升其履职能力	评委、监督人员

续表3-4

所涉对象及廉政风险点		防控措施及责任主体	
所涉单位	廉政风险点	防控措施	责任主体
评标委员会	▲▲▲未按照招标文件进行评标计分 ▲▲▲发表倾向性言论或影响其他专家评标 ▲▲▲招标文件或投标文件存在歧义或不清楚时未进行集体讨论 ▲▲▲评标畸高畸低、明显不合理情形未进行说明 ▲▲▲未按法规要求独立评标打分 ▲▲评标过程不认真、不仔细 ▲▲▲通信工具未按要求统一存放 ▲▲▲泄露有关评标过程	(1)采招部门按照《采购与招标管理办法》的规定，建设高水准的评审专家库； (2)采招部门严格实施《采购(招标)评审专家库和评审专家管理办法》等内控制度，加强对评标专家的监督管理，实行评审专家库动态调整； (3)采招部门加强评标现场监控，发现违规行为及时处理	评标专家

续表3-4

所涉对象及廉政风险点		防控措施及责任主体	
所涉单位	廉政风险点	防控措施	责任主体
招标代理公司	▲▲▲未全程录音录像 ▲未提醒或督促评标专家按照招标文件要求进行评标 ▲▲▲评标过程中存在歧义或不清楚时未进行说明，或者未请采招中心经办人进行说明 ▲▲▲发表倾向性言论 ▲▲▲未要求评标专家针对评标畸高畸低或明显不合理情况进行说明 ▲▲▲未维护现场秩序或未阻止评标专家或其他工作人员的倾向性言论 ▲▲未仔细检查专家评标计分及签字情况 ▲▲▲泄露有关评标过程 ▲▲▲以其他方式影响专家评标	采招部门严格按照《采购(招标)代理机构库和代理机构管理办法》等内控制度，加强对招标代理机构的监督管理，督促代理机构做好评标服务工作	项目负责人

续表3-4

所涉对象及廉政风险点		防控措施及责任主体	
所涉单位	廉政风险点	防控措施	责任主体
采招部门	▲▲▲发表倾向性言论 ▲▲▲泄露有关评标过程 ▲▲未全程录音录像 ▲▲▲以其他方式影响专家评标	切实行使招标人权利，履行招标人义务，加强音视频资料整理	项目经办人、音视频管理人员
中标公告发布			
招标代理公司	▲▲未按规定时间和内容公告评标结果 ▲▲▲未按指定媒体发布公告或各媒体公告评标结果不一致 ▲▲▲未按照评标结果进行公告，或擅自更改评标结果 ▲▲▲不受理依法依规的质疑或受理后不认真核查 ▲▲▲质疑回复未经采招中心审定	(1) 修订完善《采购与招标管理办法》，细化中标结果公告工作流程，明确各相关方在发布中标公告中的职责和时程要求； (2) 采招部门严格按照《采购(招标)代理机构库和代理机构管理办法》等内控制度，加强对招标代理机构的监督管理，督促代理机构做好中标结果公告工作	项目负责人
采招部门	▲▲未审核中标候选人公示和公告媒体 ▲▲▲未认真审查质疑回复	严格审查中标候选人公示内容，依法回复质疑	项目经办人、项目主管、部门负责人

续表3-4

所涉对象及廉政风险点		防控措施及责任主体	
所涉单位	廉政风险点	防控措施	责任主体
中标通知书发放			
招标代理公司	▲未按规定时间发放中标通知书 ▲▲▲中标通知书与中标结果不一致 ▲▲发放未盖章中标通知书 ▲▲▲中标通知书关键内容缺失或错误 ▲▲▲未按标准收取代理服务费	严格按照招标内容及中标人投标文件拟定并发放中标通知书	代理公司项目经理
采招部门	▲未按相关规定的时间发放中标通知书 ▲▲未认真审核中标通知书内容	按时发放中标通知书，根据招标和投标文件审核中标通知书	项目经办人、项目主管、部门负责人

第四章

合同管理
廉政风险点及防控措施

"善禁者，先禁其身，而后人。"各级领导干部要以身作则、率先垂范，说到的就要做到，承诺的就要兑现。

第一节

合同拟定及审批环节
廉政风险及防控措施

导 语

　　合同是政府采购及招投标活动中非常重要的一环，起着承前启后的作用，既要保证前一阶段政府采购及招标投标活动中的结果正确体现，还要为后续的验收、付款、质保打下坚实的基础。合同是政府采购及招投标双方权利的最重要的保障。电子签章在高校中普及度不够，绝大部分高校的合同主要由人来管控，即信息化程度较低。在合同管理的过程中可能存在大量的廉政风险，以至于合同中出现各类"人为造成的偏差"。合同中一个小的偏差可能导致合同的权益发生变化，最后导致政府采购及招标投标活动的失败，因此，合同管理的廉政风险防控至关重要。

一、合同签订审批流程

合同是指平等主体的自然人、法人和其他组织之间设立、变更、终止民事权利义务关系的协议。随着高校的发展，高校与其他单位的经济往来频繁，发生的各种采购与招标行为往往涉及诸多合同管理的问题。

合同管理是指从合同的提出到合同终结和档案管理的所有环节的管理，一般分为合同起草、合同审批、合同签订、合同备案、合同执行以及合同归档等环节，各高校根据自己的信息化程度和管理流程可能略有区别。以中南大学为例，合同审批阶段分为合同初审和合同会签(见图4-1)。

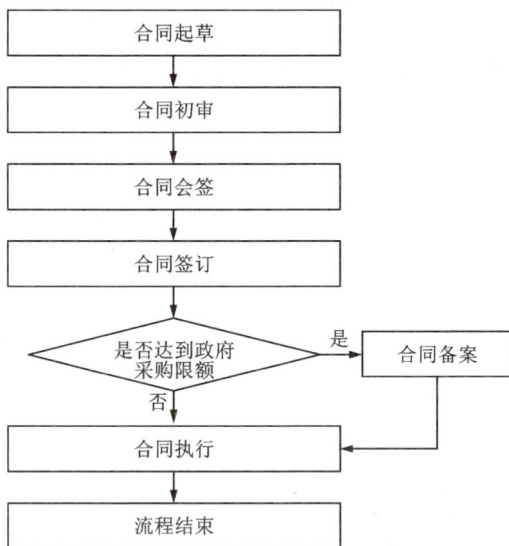

图4-1 合同签订审批流程图

合同起草与初审。这一阶段是采购的第一步，强调前期调研、考察、可行性分析、论证工作及是否有经费预算等。然而，在这一过程中，容易存在合同起草的随意性等问题，例如立项前使用部门未充分论证，仅凭采购申请就进行采购，从而导致需求不明确，采购货物与实际需求不符合，给学校增加一定的成本负担，造成了一定的人力和经费的浪费。

合同会签与签订。这一阶段是采购的核心环节，往往存在主管职能部门对合同内容把关不严格等问题。投标文件中的技术参数是招投标的实质性条款，需明确清晰地体现在合同中，才能保证产品质量或工程要求。而供应商在投标过程中通常会为了中标过度承诺，在签订合同过程中，容易产生一系列的问题，例如偷梁换柱、以次充好，或者修改保修年限、到货地点、维保方式等内容。此时，一旦学校相关主管部门不严格核对合同，往往会导致学校较大的损失。进一步来看，如果学校相关人员不认真履行会签手续，合同签订没有经归口管理、财务、审计部门会签监督，相关部门责任不清晰，容易出现问责难、部门推诿等现象。此外，合同内容如果没有相关法务人员把关，如果合同条款存在违法内容，也会给学校带来不良影响。

合同备案与执行。这一阶段属于采购的收尾环节。在这一阶段，一方面为了避免发生合同档案遗失、漏页等情况，需要学校相关人员进行合同备案与存档；另一方面为了不影响学校其他业务工作，还需要学校相关人员督促供应商及时履约，同时对合同标的进行到货验收，以确保接收货物的质量。

二、合同签订廉政风险及防控措施

合同签订廉政风险是指相关人员在签订合同中违反廉洁自律规定，滋生腐败行为的可能性。从根本上说，高校采购和招标领域的合同签订廉政风险就是高校行政管理人员和教师在参与采购与招标过程中，利用自身所掌握的相关权力和资源谋取私利的可能性，以及导致腐败行为发生的因素。在合同签订过程中，风险不仅无时不在，也无处不在。千里之堤，溃于蚁穴。一次重大的风险事故，可以将积累多年的努力与成果毁于一旦。因此，需要全面梳理并查找合同签订及管理过程中存在的廉政风险，引入对应的先进的风险管理措施，科学制定具体流程，构建科学、有效、可操作的廉政风险防控体系，防止管理失控与权力腐败的发生。

一般而言，人们往往对开评标过程更为重视，在评标工作结束后，对合同签订的关注程度却会随之下降。比如，在签订合同时，经办人员擅自与供应商商谈，不按照招标文件、投标文件条款签订合同，容易引发廉政风险，导致合同中设备的品牌、规格、型号、质量等核心条款与招标结果不符。

具体来看，在合同签订及管理的全过程中，各阶段内容及负责人的不同特性使廉政风险防控点及防控措施也各有特点。根据合同管理各个阶段的特性，按照管理流程，总结出合同管理全过程中的廉政风险点及防控措施，见表4-1。

表 4-1　合同签订廉政风险点及防控措施

所涉对象及廉政风险点		防控措施及责任主体	
所涉单位	廉政风险点	防控措施	责任主体
合同起草			
申购单位	▲▲▲起草合同无依据，出现与中标通知书、投标文件、招标文件不一致的内容	依据中标通知书、招标和投标文件等支撑文件起草	合同起草负责人
	▲▲▲合同条款模糊、不完善，给合同执行带来潜在风险	依法依规将合同条款描述清晰准确	
	▲▲▲合同内容与现行法规存在明显冲突	执行现行国家及省市相关规定	
	▲▲▲设置显失公平的条款		
合同初审			
申购单位	▲▲合同审核流于形式 ▲▲▲未按规定送律师审核	规范合同审核程序，建立专业人员、法律顾问合同审核制	项目负责人、分管领导

续表4-1

所涉对象及廉政风险点		防控措施及责任主体	
所涉单位	廉政风险点	防控措施	责任主体
合同会签			
归口管理部门	▲▲发现问题不及时	规范合同审核程序，建立专业人员、法律顾问合同审核制	部门审核人
审计部门	▲▲对结算计价方式等重要信息发现问题不及时		科室负责人、部门负责人
财务部门	▲▲对结算、支付条款中的问题发现不及时		科室负责人、部门负责人
采招部门	▲▲▲未核对中标通知书与合同中相关条款的一致性 ▲▲未按用印审批流程审批用印	严格按中标通知书内容审核相关合同条款，严格遵守用印审批流程	项目经办人、项目主管、部门负责人
合同签订时限			
申购单位	▲▲▲不及时签订合同	严格执行中标（成交）通知书发出之日起30日内签订合同	项目负责人、分管负责人
合同备案			
采招部门	▲不及时备案、归档 ▲备案文档不完整	明确工作人员职责，规范合同备案、归档工作流程	合同印章管理员
申购单位			合同管理员

　　当前如何加强合同签订及管理过程中的廉政风险防控机制建设，是摆在高校面前的一个重要课题。以中南大学为例，廉政风险防控机制可以从以下两个方面重点展开。一方面，找准问题症结之所在，紧紧抓住合同签订前的廉政风险预防环节。在这一环节中，重点可以建设集中统一的合同管理队伍，避免人员更换过于频繁；利用信息化技术代替"人跑送"，避免人情寻租和人为干预等。另一方面，严把合同签订过程，坚决抓好合同管理事中的廉政风险控制环节。在这一环节中，重点可以建立管办分开、审办分离、签审分家的长效机制；建立合同签订过程阳光操作的公开机制；建立合同关键条款和关键内容公开的透明机制。建立合同签订"一支笔"机制，避免多人多头签订合同，如此才能降低合同管理的难度，降低合同管理廉政风险的发生频率。

第二节

合同履行环节廉政风险点及防控措施

导 语

合同开始履行并非意味着"万事大吉",当采购人觉得白纸黑字能约束一切时,若合同履行缺乏监管,往往易导致产生一系列法律风险。本节将对合同履约过程中可能出现的廉政风险和防控措施进行梳理。

高校采购招标领域合同履行环节的廉政风险防控是一项"永远在路上"的系统工程,采购招标合同履行环节廉政风险系数高,腐败现象频发,给高校的党风廉政建设带来了严峻考验。因此,需要将这一环节的主要风险点予以归类,同时提出有效的防控措施,以将廉政风险降到最低(见表4-2)。

表4-2　合同履行廉政风险点及防控措施

所涉对象及廉政风险点		防控措施及责任主体	
所涉单位	廉政风险点	防控措施	责任主体
合同履行			
申购单位归口管理部门	▲▲▲不严格执行合同内容 ▲▲▲背离原合同实质性内容签订补充协议 ▲▲▲签订的补充协议超出政策允许范围 ▲▲是否及时退还质保金 ▲▲是否按照合同要求收取违约金	建立健全合同执行监管机制	申购单位归口管理部门
审计部门	▲▲▲未按合同结算条款进行结算	建立结算审批监管流程	科室负责人、部门负责人
财务部门	▲▲▲未按合同约定支付	建立支付审批监管流程	科室负责人、部门负责人

以上廉政风险点主要可以归结为三大类，合同内容不准

确、合同流程不规范、合同执行不到位。对这三类合同履行环节中可能的廉政风险，应当从以下两个方面进行有效防控。

第一，建立健全合同执行监管机制。一方面，利用信息化科学技术自动监控并公示合同的执行状况。信息化系统自动监控合同执行应采取"谁承办谁执行""谁审查谁监管"的原则。具体到某一合同，合同承办人负责合同执行，经手的合同审查人、签订人负责合同的监管。合同执行按执行期限、质量保质期等时间节点实施自动预警和提示，承办人按系统提示录入合同执行情况，监管人针对发现的执行问题通过系统进行实时监管，合同执行情况和实时监管信息数据实时共享。另一方面，利用信息化技术系统自动分析并引导查找执行问题。系统将执行结果分为正常执行、执行异常、恢复正常执行、正常执行终止和异常执行终止五种状态，根据合同承办人对合同五种执行状态的选择，建立自动分析执行状态模块功能。系统既可对各业务相近的厂商进行合同执行状态的对比分析，在限定时间内对每个供应商合同执行状态的分别占比进行全供应商排队，也可以对每个部门内部合同承办部门进行合同执行状态的对比分析，在限定时间内对每个部门合同执行状态的分别占比进行供应商内部排队。通过排队得出合同执行总体状况，特别是对执行异常、异常执行终止两种合同执行情况的超总平均执行异常百分比、超总平均执行异常终止百分比和超总平均执行结果综合百分比分析，能更好地帮助和引导学校合同管理人员精准查找问题，提出管理改进措施，促进合同执行环节中的廉政风险防控工作良性循环健康发展。

第二，建立结算与支付审批流程。结算审批是高校采购招标合同履行的重要内容，也是降低合同成本、提高经济效益、降低廉政风险的有效途径，因此有必要建立详细且可操作的结算审批流程。这一流程主要包括：合同验收与资料准备阶段；价款核对阶段；变更签证价款确认阶段；编制结算书；审查与审计；争议解决与调整；最终确认与支付；资料归档等。与此同时，为了规范高校采购招标支付流程，统一单据格式，杜绝错付、超付，以确保采购招标进度及经费资金的正常运转，对支付审批监管流程的构建可以从以下几个方面展开：对全年经费安排做好综合预算；制定财务纪律；经费开支凭借发票报销；经费开支做到日清月结等。

此外，需要补充的是，合同内容和合同流程的相关问题，基本可以通过强化合同管理与项目管理的数据互通、优化合同管理的信息化系统来解决。以西安交通大学为例，他们让信息化管理系统抓取招投标文件中的关键信息，并结合提前做好的各类合同通用模板，形成每个采购项目最终的合同（不可更改的电子文件），然后将生成的合同通过系统发送给供应商确认并请其盖章。这种模式可以避免过多人员接触合同，尽可能地将人为因素减少，很大程度上避免了合同内容的不准确，也大大提高了审核和用印的效率。同时合同管理流程更加简单，也使流程基本可以在线上推进完成，极大地提高了合同流程的规范性。

对于合同执行不到位的相关问题，合同内容的不同，涉及的管理流程也不同。例如，有的需要监管人员亲自审查，有的不需要；有的需要多次审查，有的只需要一次审查即可。因此，需要建立健全相关的监督制度和机制，并结合相关的信息化系统来加强管理，尤其是资金使用和资产验收方面。要在坚持多维度、多层级审核的同时实施电子化审核，这样既可以达到强化审核和管理的目的，也可以尽可能减少因为增加审核流程而使工作效率下降的不利影响。

第五章

典型案例评析

不留"暗门"、不开"天窗"，坚决防止"破窗效应"。

案例一

采购项目立项环节的廉政风险

黄某系 A 高校资产管理部门干部，在甲实验仪器公司担任销售代表的张某系黄某的表弟。黄某在明知学校没有实际需求的情况下，指使下属通过编造市场调查报告、编造虚假的咨询意见等方式伪造、虚构了对甲公司实验仪器的采购需求论证报告，并在需求论证报告中做出排他性的技术指标要求。在后续项目立项和论证过程中，黄某利用本人职权，通过了对甲公司实验仪器的采购需求论证报告，甲公司中标该项目。A 校购买 2 台实验仪器共计花费 1000 万元，实验仪器购置后长期闲置。

次年，A 校某实验室拟采购 4 台新型检测机器，黄某采取同样的方式通过了新型检测机器的采购需求论证报告，在商务条款中提高了交付及售后服务要求，并在需求论证报告中夸大需求量，编造需求数量为 6 台。后经黄某的帮助甲公司成功中标。6 台检测机器金额总计为 1200 万元，检测机器购置后有 2 台长期闲置。

案发后，对实验仪器和检测机器进行评估，2 台实验仪器在采购时合同价共 1000 万元、当时市场价共 500 万元，采购价格远高于市场价且长期闲置；6 台检测机器采购时合同价共 1200 万元、当时市场价共 900 万元，采购价格远高于市场价且 2 台长期闲置，黄某造成国有资产损失 1500 万元，因犯事业单位人员滥用职权罪被判处有期徒刑四年六个月。

【案例评析】

在政府采购活动中，采购人应根据自身需要，合理地确定采购需求，不得擅自提高采购标准。政府采购领域的法律法规对此有明确规定。《政府采购法》第七十一条规定，采购人擅自提高采购标准的，责令限期改正，给予警告，可以并处罚款，对直接负责的主管人员和其他直接责任人员，由其行政主管部门或者有关机关给予处分，并予通报。《政府采购法实施条例》第十一条规定，采购人在政府采购活动中应当维护国家利益和社会公共利益，公正廉洁，诚实守信，执行政府采购政策，建立政府采购内部管理制度，厉行节约，科学合理确定采购需求。财政部《政府采购货物和服务招标投标管理办法》第十条规定，采购人应当对采购标的的市场技术或者服务水平、供应、价格等情况进行市场调查，根据调查情况、资产配置标准等科学、合理地确定采购需求，进行价格测算。本案中黄某的行为违反了上述法律规定，也构成了犯罪。

在政府采购实践中，经常发生采购人与特定供应商串通排挤其他竞争对手的情形。采购人以特殊需求为名，擅自提高采购需求标准，变相指定品牌或成交商的情形，在现实中较为多见。虽然，采购人采用这种不正当操作方式，也有可能是因为他们习惯于某供应商提供的服务，或习惯于使用某品牌的商品，但也有不少情形是为了谋取不正当利益。例如，本案中的黄某即为了从甲公司获得贿赂。

本案中，黄某之所以能得逞，与 A 高校不重视廉政防范、未完善单位内控制度有关。实际上，国家法律法规对采购单位完善内控制度有明确规定。财政部《政府采购货物和服务招标投标管理办法》第六条规定，采购人应当按照行政事业单位内部控制规范要求，建立健全本单位政府采购内部控制制度，在编制政府采购预算和实施计划、确定采购需求、组织采购活动、履约验收、答复询问质疑、配合投诉处理及监督检查等重点环节加强内部控制管理。

案例二

招标代理委托中的廉政风险

　　甲公司系一家经营范围为工程招标、投标代理和技术咨询，工程造价咨询以及经济信息咨询的有限责任公司，法定代表人为徐某。为获得 B 高校众多政府采购项目的招标代理权，徐某多次向时任 B 高校采购管理部门干部的田某行贿，总计金额 28 万元。

　　《B 校政府采购项目中介服务机构库管理办法》规定：入库中介机构的选取采用竞争性谈判或二次平衡询价法；估算中介服务费用在 10 万元以上的，采用竞争性谈判法选取中介服务机构；估算中介服务费在 10 万元以下的，采用二次平衡询价法选取中介服务机构。

　　为确保甲公司顺利获得 B 高校图书馆装修改造项目招标代理权，徐某出面协商，由乙公司、丙公司报名该项目。经田某安排，B 高校最终确定乙公司为第一中标候选人，后乙公司按徐某要求放弃，顺延第二中标候选人甲公司为招标代理人。此外，在田某的授意下，通过增加代理公司资质条件等多种方式，甲公司在未开展任何实质竞争性比选的情况下，多次获得了 B 高校的其他项目招标代理资格。

徐某在甲公司获得项目招标代理权后，利用职务便利，接受投标公司人员的请托，披露文件内容，收受他人贿赂。后徐某因犯非国家工作人员受贿罪、行贿罪，数罪并罚判处有期徒刑两年零六个月，并处罚金 20 万元，追缴赃款上缴国库。田某因犯受贿罪被判处有期徒刑三年，并处罚金 20 万元。

【案例评析】

招标代理机构是依法设立、从事招标代理业务并提供相关服务的社会中介组织。招标代理机构可以以多种组织形式存在，如可以是有限责任公司，也可以是合伙企业等。自然人一般不能从事招标代理业务。招标代理机构作为专门提供招标代理业务的机构，其具体业务活动包括帮助招标人或受其委托拟定招标文件，依据招标文件的规定，审查投标人的资质，组织评标、定标等；提供与招标代理业务相关的服务，即提供与招标活动有关的咨询、代书及其他服务性工作。

招标工作的政策性和规范性要求较高，招标标的往往也涉及某个专门领域，招标人可能不具备相关方面的专业人员，在这种情况下，招标代理机构可以为招标人提供重要的专业支持。故，我国《招标投标法》第十二条至第十五条等条文对招标代理机构作出了专门规定。

招标人一般根据自身招标业务的多寡选择一家或数家招标代理机构提供服务。在招标过程中，选择招标代理机构是至关重要的一步，因为它关系到整个招标过程的公平、效率和成功。对于公共单位而言，一般应通过竞争方式选择招标代理机构。常用的方式包括公开比选、公开招标和其他政府采购方式。当采购主体的政府采购业务较多，招标代理服务的资金额和内容符合《政府采购法》的规定时，可以通过政府采购流程选择代理机构。采购主体也可以通过公开比选、公开招标的方式，将多个代理机构入围，然后在具体的政府采购项目中从这些入围机构中抽签选出。这种方法确保了公平性和竞争力。如果采购主体直接指定代理机构，则存在较多隐患。例如，发生不正当的利益输送，降低代理服务质量，等等。

在本案中，按 B 高校的有关规定，要求采取竞争方式选择招标代理机构，但由于 B 高校采招部门干部田某的违规操作，实际上等同于直接指定甲公司提供招标代理业务。正是这种违规操作，使得甲公司负责人徐某可以利用职务便利从事违法行为，损害了 B 高校的利益，也使徐某和田某受到刑事制裁，教训不可谓不深刻。

本案田某的违法犯罪行为也表明，B 高校在遴选招标代理机构时不注意防范廉政风险。B 高校虽然制定了相关制度，但对督促落实制度规定不够重视，使制度规定形同虚设。

案例三

选择单一来源采购方式的廉政风险

C 高校为提升教学质量，计划采购一批透射电子显微镜用于本科教学，该批设备预算金额为 190 万元。依据《C 大学招标管理办法》，单次采购估算额在 100 万元以上应公开招标。

甲公司是一家生产电子显微镜的企业，其法定代表人刘某与时任 C 高校校领导谢某系大学同学。为使甲公司顺利成为成交供应商，刘某向谢某行贿 10 万元，并多次向谢某表示："我们公司产品过硬，你们学校采购我们的设备绝对不会有质量问题，后续的质保和修理服务我们也一定全力配合，只要我们能中标，绝不给你添麻烦。"

谢某在采购项目申请过程中，利用职务便利向学校采招部门相关人员提出要求：一是将甲公司的部分普通技术认定为特有、专有技术，从而只能从唯一供应商处采购，以适用《政府采购法》第三十一条，以此规避招标，采用单一来源的方式进行采购；二是提高该批透射电子显微镜的技术要求，远超本科教学的需要，且将该技术要求高度匹配甲公司生产的透射电子显微镜的技术指标。

通过单一来源采购的方式，甲公司顺利成为此次采购的供应商，谢某事后又收受了刘某给予的好处费 8 万元。后该采购项目被相关监管部门调查，市场其他设备能够满足相同功能定位的技术需求目标，甲公司"专有技术"不影响项目的质量和使用效率，此次采购应当通过公开招标方式选择供应商。监管部门对 C 高校处以项目采购金额千分之八的罚款。谢某因犯受贿罪被判处有期徒刑两年，并处罚金 10 万元。

【案例评析】

单一来源采购是指采购人从某一特定供应商处采购货物、服务、工程的采购方式。《政府采购法》第三十一条对单一来源采购的适用情形进行了界定，列明了三种可以进行单一来源采购的情形。

采购人应当严格按照单一来源采购的情形适用该采购方式，不得规避公开招标采购。《政府采购法》第二十八条规定，采购人不得将应当以公开招标方式采购的货物或者服务化整为零或者以其他任何方式规避公开招标采购。第七十一条规定，采购人应当采用公开招标方式而擅自采用其他方式采购的，责令限期改正，给予警告，可以并处罚款，对直接负责的主管人员和其他直接责任人员，由其行政主管部门或者有关机关给予处分，并予通报。

在特殊情形下，达到公开招标数额标准的货物、服务采购项目，也有可能不宜采用公开招标方式。这时，采购人可以选择非公开招标方式进行采购，但要履行事先报批程序。《政府采购法》第二十七条规定，"因特殊情况需要采用公开招标以外的采购方式的，应当在采购活动开始前获得设区的市、自治州以上人民政府采购监督管理部门的批准"。《政府采购法实施条例》第二十三条规定："采购人采购公开招标数额标准以上的货物或者服务，符合政府采购法第二十九条、第三十条、第三十一条、第三十二条规定情形或者有需要执行政府采购政策等特殊情况的，经设区的市级以上人民政府财政部门批准，可以依法采用公开招标以外的采购方式。"财政部《政府采购非招标采购方式管理办法》第四条规定："达到公开招标数额标准的货物、服务采购项目，拟采用非招标采购方式的，采购人应当在采购活动开始前，报经主管预算单位同意后，向设区的市、自治州以上人民政府财政部门申请批准。"

政府采购领域的法律法规还规定，采购人应根据实际需要，合理地确定采购需求，不得擅自提高采购标准。《政府采购法》第七十一条规定，采购人擅自提高采购标准的，责令限期改正，给予警告，可以并处罚款，对直接负责的主管人员和其他直接责任人员，由其行政主管部门或者有关机关给予处分，并予通报。《政府采购法实施条例》第十一条规定，采购人在政府采购活动中应当维护国家利益和社会公共利益，公正廉洁，诚实守信，执行政府采购政策，建立政府采购内部管理制度，厉行节约，科学合理确定采购需求。

本案中，谢某利用职务便利将甲公司的部分普通技术认定为特有、专有技术，以此规避公开招标，采用单一来源的方式进行采购；同时，谢某擅自提高采购产品的技术要求，远超实际需要，且将该技术要求高度匹配甲公司生产的透射电子显微镜的技术指标。谢某的行为违反了上述法律法规的规定。谢某之所以故意违反法律规定，是为了谋求非法利益。谢某受到刑事制裁，完全是咎由自取。

谢某的行为肯定会对 C 高校造成损失。因此，高校要注意防范此类廉政风险。高校应严格遵守法律法规的规定，凡是符合公开招标条件的，必须实行公开招标。阳光是最好的防腐剂，公开招标方式既能最大程度地发挥竞争的作用，也能有效防止暗箱操作。

案例四

邀请招标中的廉政风险

D 校准备对其新校区"星月"设计项目进行邀请招标。

甲公司系一家建筑设计有限公司，想承揽该项目，甲公司总经理吴某通过他人介绍认识了时任 D 校新校区建设指挥部门负责人关某。吴某向关某送了 1 万美元，请求关某帮忙。在确定参与邀请招标的设计院范围时，关某表示："甲公司业绩好、理念新、资质高、实力强，这次'星月'设计项目招投标一定要邀请甲公司来参加。"后 D 校确定邀请的五家单位中就包括甲公司。经过评审，甲公司中标"星月"设计项目。之后，吴某宴请关某吃饭，饭后吴某从身上拿出一个牛皮纸信封，关某收下后发现是 3 万加元。

后关某因犯受贿罪被判处有期徒刑三年，并处罚金 20 万元。

【案例评析】

邀请招标，是指采购人依法从符合相应资格条件的供应商中随机抽取 3 家以上供应商，并以投标邀请书的方式邀请其参加投标的采购方式。采用邀请招标方式进行采购的，应符合《政府采购法》规定的条件。《政府采购法》第二十九条规定，"符合下列情形之一的货物或者服务，可以依照本法采用邀请招标方式采购：（一）具有特殊性，只能从有限范围的供应商处采购的；（二）采用公开招标方式的费用占政府采购项目总价值的比例过大的。"

为了规范邀请招标的相关流程，《政府采购货物和服务招标投标管理办法》规定了邀请招标的供应商确定方式。根据其第十四条的规定，采用邀请招标方式的，采购人或者采购代理机构应当从符合资格条件的供应商名单中随机抽取 3 家以上供应商向其发出投标邀请书。

在本案中，在确定参与"星月"设计项目邀请招标的设计院范围时，D 校新校区建设指挥部门负责人关某并未按照《政府采购货物和服务招标投标管理办法》第十四条所规定的随机抽取方式选择供应商，而是明确表示要邀请甲公司参与投标。这种做法明显违反了相关法律法规的强制性规定。

在政府采购实践中，经常发生供应商向采购方经办人员行贿谋取中标的情形。根据法律法规的规定，行贿方和受贿者的行为都属于违法行为，严重时还有可能构成犯罪。例如，根据《政府采购法》第七十二条的规定，采购人、采购代理机构及其工作人员在采购过程中接受贿赂或者获取其他不正当利益，构成犯罪的，依法追究刑事责任；尚不构成犯罪的，处以罚款，有违法所得的，并处没收违法所得，属于国家机关工作人员的，依法给予行政处分。本案中关某收受吴某的贿赂，已经构成犯罪，必然受到法律制裁。

高校要防范此类廉政风险，应注意以下几点：一是要谨慎使用邀请招标方式，凡是能够采用公开招标方式的，应尽量采用公开招标方式；二是要严格按照法律法规规定，随机选取邀请对象，不能指定或变相指定邀请对象；三是要加强对评标工作的监督，即使是采用邀请招标方式，评标委员会也应严格遵守法律法规规定，严格根据招标文件进行评标。

案例五

划分采购项目的廉政风险

教育部直属高校 E 校某实验室计划采购年度预算为 220 万元的实验用材料。依据中央预算单位政府集中采购标准，政府采购货物项目，单项采购金额达到 200 万元以上的，必须采用公开招标方式。

甲公司为一家仪器有限公司，该公司营业范围包括生物化工产品研发、实验分析仪器制造、试验机销售、专用设备制造等。甲公司法定代表人邝某考虑到自己的公司成立时间较短，销售业绩平平，售后服务跟不上，难以凭借自身实力在公开招投标中胜出，遂请托时任该实验室负责人的成某照顾，并送给成某 10 万元。在成某的运作下，E 校将本应该一次性采购的年度实验用材料采购项目拆分为 8 个不同的材料采购项目，金额分别为从 10 万元到 40 万元不等，E 校未经公开招标，在一个财政年度内分别与甲公司签订了该 8 个项目采购合同。

有关监管部门对 E 校招投标事宜进行核查时发现，该实验室拟采购的下一年度实验材料数量及品类需求已基本确定，应一次性通过公开招标方式采购，E 校存在以化整为零方式规避公开招标，监管部门对 E 校给予行政处罚，予以通报。后成某因犯受贿罪被判处有期徒刑两年，缓刑三年，并处罚金 10 万元。

【案例评析】

　　根据我国法律法规的规定，采购人的采购项目达到法定标准时，应采用公开招标方式进行采购。实践中，有些采购人为规避法律法规相关强制规定，故意化整为零，即把达到公开招标标准的政府采购项目人为分割为多个小项目，使得每个项目的预算金额都未达到法定公开招标数额标准，以此规避公开招标。对于这种行为，《政府采购法》《政府采购法实施条例》等都有明确的禁止性规定。如《政府采购法》第二十八条规定，采购人不得将应当以公开招标方式采购的货物或者服务化整为零或者以其他任何方式规避公开招标采购。《政府采购法实施条例》第二十八条规定，在一个财政年度内，采购人将一个预算项目下的同一品目或者类别的货物、服务采用公开招标以外的方式多次采购，累计资金数额超过公开招标数额标准的，属于以化整为零方式规避公开招标，但项目预算调整或者经批准采用公开招标以外方式采购的除外。

　　将采购项目化整为零的操作可以有多种具体形式，如项目拆分、时间分割、业务重组等。项目拆分是指把一个项目拆分成多个小项目，使得每个小项目都未达到公开招标的标准，从而规避公开招标的要求。时间分割是指将项目周期拉长，分阶段进行采购，使得每次采购的金额都控制在公开招标的数额标准之下。业务重组是指通过内部调整，将原本属于同一项目的业务分散到不同的业务部门，单个部门可以不采用公开招标方式进行采购。项目拆分是一种最常用的手法，操作起来较为简便，也存在较大的隐蔽性。本案中 E 校某实验室就是通过项目拆分的方式，将本应一次性通过公开招标方式采购的项目拆分为 8 个不同的材料采购项目，分别进行非公开招标。

将依法必须公开招标的采购项目化整为零，以规避公开招标的操作，既违反了《政府采购法》等法律法规的规定，也容易引发权钱交易的腐败行为，存在较大的廉政风险。高校在实施政府采购时必须严加防范。

在本案中，成某收受贿赂将应依法进行公开招标的采购项目化整为零，不仅影响了正常的市场竞争秩序，也损害了 E 校的利益。成某受到刑事制裁是罪有应得。成某获取不正当利益的企图之所以能得逞，与 E 校不重视廉政防范，未完善政府采购内部管控制度有关。因此，E 校被给予行政处罚，予以通报，也是应得的后果。高校要有效防范"化整为零"现象的发生，必须在政府采购的预算、实施、验收、监督等重点环节建立健全内部控制管理制度，完善相关工作流程。

案例六

采购文件编制中的廉政风险

　　F 高校启动学生公寓内外墙粉刷项目，预算金额为 200 万元。甲公司法定代表人范某得知消息后，送给 F 高校后勤管理部门干部龚某 20 万元，请托龚某帮助甲公司成交。

　　龚某授意下属和招标代理公司人员根据甲公司资质条件，编制倾向性采购文件和评分办法。因甲公司拥有一级建筑装饰装修工程专业承包资质、一级建筑工程总承包资质，并荣获中国建设工程鲁班奖等重大奖项，招标代理公司在采购文件中将一级建筑装饰装修工程专业承包资质作为投标人必须具备的资格条件，将获得中国建设工程鲁班奖、一级建筑工程总承包资质作为评分表中评价供应商综合实力的重要标准。

　　在采购文件发布后，招标代理公司收到来自其他潜在投标人的质疑，潜在投标人认为二级资质即可承担单项合同额2000 万元以下的建筑装修装饰工程，该墙壁粉刷项目预算金额仅为 200 万元且项目技术难度低，设置一级建筑装饰装修工程专业承包资质不公平，要求 F 高校修改采购文件。F 高校忽视收到的质疑，依旧按照发布的采购文件组织采购，甲公司以

195 万元成交墙壁粉刷项目。

后潜在供应商向有关监管部门投诉，龚某因犯受贿罪被判处有期徒刑三年，并处罚金 20 万元。

【案例评析】

采购文件编制是政府采购的核心环节。采购文件的内容对后续的投标、响应文件编制和评审活动都具有直接的影响。同时，采购文件的内容通常会形成政府采购合同的主要条款。《政府采购法》等法律法规对采购人编制采购文件提出了明确具体的要求。例如，财政部《政府采购货物和服务招标投标管理办法》第二十条规定，采购人或者采购代理机构应当根据采购项目的特点和采购需求编制招标文件。该条还详细规定了招标文件应包括的主要内容。

在高校实施某个具体采购行为的前期阶段，采购文件的编制是主要的廉政风险点，因为采购人有可能和供应商"串通配合"，为供应商"量身定做"采购文件。采购人往往通过以下四种"量身定做"方式达到促成某个特定供应商中标的目的：一是设置特定的资质要求或故意拔高资质要求；二是设置特有的技术参数；三是将特定行业或特定行政区域的业绩作为加分条件；四是通过苛刻的商务要求变相控标。

本案中，龚某为促成甲公司中标，采取"量身定做"手法，在制作采购文件时特地提高了资质要求。F 高校在收到潜在投标人的质疑后也未及时进行内部审核，导致违法行为的发生。这表明，F高校在采购文件编制环节不注意防范廉政风险，监督工作不到位。

　　高校要有效防范此类廉政风险，必须建立健全内部管控机制，强化内部监督。同时，要重视对供应商质疑的处理。一旦接到供应商的质疑，必须调查核实，如果发现质疑成立，应当及时予以纠正。

案例七

投标过程中的廉政风险

G 高校计划为 1 号办公楼采购两部电梯。项目启动前，段某和李某为获得该项目，通过李某的同学刘某 1 向时任 G 高校采购管理部门负责人的刘某 2 打招呼，刘某 2 为在该项目中获得好处，便同意由李某负责招标代理业务，由段某负责找公司做报价和投标。甲公司私下向段某报价 98 万元，段某向刘某 1 反馈报价并表示将给刘某 2 回扣。在该项目招标过程中，刘某 2、李某和段某等人互相串通技术参数、商务条件、报价，甲公司纠合乙公司、丙公司和丁公司进行围标。后甲公司以978800 元的价格顺利中标，并与 G 高校签订设备购销及安装合同，甲公司收到货款后，段某从中获得 14 万元好处费，为表示感谢，段某将其中的 8 万元作为回扣款送给刘某 2。

其后，G 高校需要为 2 号办公楼采购两部电梯。项目启动前，刘某 2 谋划找人来承接项目以获取好处，指使李某找公司做该项目的招标代理，让李某转告段某寻找公司进行报价和投标，并提出中标后将收取中标价的 15% 作为回扣款。段某根据刘某 2 的授意，找到戊公司做出第一次报价。刘某 2 认为回扣款过低，要求增加报价并将增加部分作为回扣款。段某便让戊公司按要求重新调整报价。在招标过程中，段某、李某、戊公司代表等人再次互相串通技术参数、商务条件和报价，由段某制作标书后，将标书电子版提供给相应围标公司，由参与围标的公司各自投标。戊公司以 70 万元的价格顺利中标，该公司收到货款后，段某从中获得 20 万元好处费，后段某按约定将 14 万元现金交给刘某 2。

后刘某 2 因犯受贿罪，被判处有期徒刑三年，并处罚金 20 万元。

【案例评析】

招标是政府采购的重要方式之一，通过招标引入竞争机制，可以让最有竞争力的投标方获得交易机会，也可以使采购方以最优惠的条件购买货物或服务。因此，竞争是招标的灵魂。政府采购法律法规对招标采购方式作出了多方面的规定，尤其是禁止串通行为，核心目的是保证招标采购方式中竞争功能的发挥。《政府采购法》第二十五条规定，政府采购当事人不得相互串通损害国家利益、社会公共利益和其他当事人的合法权益；不得以任何手段排斥其他供应商参与竞争。供应商不得以向采购人、采购代理机构、评标委员会的组成人员、竞争性谈判小组的组成人员、询价小组的组成人员行贿或者采取其他不正当手段谋取中标或者成交。采购代理机构不得以向采购人行贿或者采取其他不正当手段谋取非法利益。《政府采购法实施条例》第十一条第二款规定，采购人不得向供应商索要或者接受其给予的赠品、回扣或者与采购无关的其他商品、服务。第十四条规定，采购代理机构不得以不正当手段获取政府采购代理业务，不得与采购人、供应商恶意串通操纵政府采购活动。财政部《政府采购货物和服务招标投标管理办法》第三十六条规定，投标人应当遵循公平竞争的原则，不得恶意串通，不得妨碍其他投标人的竞争行为，不得损害采购人或者其他投标人的合法权益。该办法第三十七条列举了视为串通投标的七种具体情形。

本案涉及三类违法行为：采购代理机构以不正当手段获取政府采购代理业务；采购人通过采购代理机构与特定供应商串通；参与投标的供应商相互串通。相关主体的违法情节较为严重，性质较为恶劣。

作为高校工作人员的刘某2通过违规委托采购代理机构的方式与投标人串通，谋取不正当利益，其行为已构成犯罪。

刘某2的犯罪行为表明，G高校在政府采购过程中不重视廉政风险防范，未建立健全单位内控制度。刘某2能够直接决定采购代理机构，表明G高校遴选采购代理机构的制度严重不健全。刘某2能够与采购代理机构和特定供应商共谋确定采购文件的重要内容，说明G高校制定采购文件的机制存在严重漏洞。供应商能够操作围标，说明G高校发布采购信息的机制不合理，未能有效吸引更多供应商来投标。

要防范此类廉政风险，高校首先要完善采购信息发布机制，要严格按照法律法规规定，在较大范围内发布采购信息，以吸引足够多的供应商来投标，这是防止少数投标人实施围标行为的关键。

实践中，供应商实施串通投标行为，总是会露出一些"马脚"，高校要加强对供应商提交资料的审核查验，及时发现供应商的串通行为，阻止围标行为。

案例八

提供投标材料的廉政风险

　　H 高校计划采购一批食堂物资类面粉，由该校后勤管理部门对食堂物资类面粉采购项目进行公开招标，采购预算为 230 万元，经依法组建的评标委员会评审，甲公司综合得分最高，顺利中标，并与 H 高校签订采购合同。

　　在该校后勤管理部门的年度采购复核过程中，甲公司被查出存在业绩和认证证书造假：其一，甲公司存在业绩造假。该项目招标文件评审因素及标准中设置"同类项目业绩"评分项，要求投标人提供结算发票作为证明材料，每个业绩计 1 分，共 15 分。甲公司在投标文件中提供了 15 份结算发票复印件作为类似业绩的证明材料，其发票明细中均包含面粉，经在"国家税务总局增值税发票查验平台"和"某省税务局发票辨伪系统"两个官方网站平台查验，发现系统查验出来的所有发票明细中均没有面粉。其二，甲公司存在认证证书造假。该项目招标文件评审因素及标准中设置"体系认证"评分项，要求投标人具有有效期内的食品安全管理体系认证证书，需要能在"全国认证认可信息公共服务平台"查询到，同时在投标文件中提供网站截图和证书复印件。甲公司在投标文件中提供了属于甲公司的食品安全管理体系认证证书复印件，经查验，"全国认证认可信息公共服务平台"查到的该食品安全管理体系认证证书所有人为乙公司。甲公司法定代表人张某为使采购合同顺利履行，找到时任 H 高校后勤部门负责人的郑某，向其行贿 10 万元，希望郑某在此事上打招呼，不要追究。郑某收下张某的贿赂款后，以甲公司供应的面粉质量好、配送及时为由对甲公司提供虚假材料谋取中标未予追究。

后来，上述事件被查实，郑某因犯受贿罪被判处有期徒刑一年，并处罚金 10 万元。

【案例评析】

诚实信用原则是政府采购法的基本原则之一。我国《政府采购法》第三条规定，"政府采购应当遵循公开透明原则、公平竞争原则、公正原则和诚实信用原则"。诚实信用是对所有参与政府采购活动的主体的基本要求，采购方和供应商都应当切实遵守。对于供应商而言，遵守诚实信用义务尤其体现在提交材料环节，供应商提供虚假材料，是最常见的违反诚信义务的表现。《政府采购法》等法律法规对此种行为规定了具体明确的法律责任。例如，《政府采购法》第七十七条规定，供应商提供虚假材料谋取中标、成交的，处以采购金额千分之五以上千分之十以下的罚款，列入不良行为记录名单，在一至三年内禁止参加政府采购活动，有违法所得的，并处没收违法所得，情节严重的，由工商行政管理机关吊销营业执照；构成犯罪的，依法追究刑事责任。该条还规定，供应商提供虚假材料的，成交无效。

采购方一旦发现供应商提供虚假材料的，应严格按照法律规定处理，追究供应商的责任，以维护法律权威，维护诚信的政府采购环境。本案中，H 高校以公开招标方式进行采购，依法组建了评标委员会。但后勤管理部门负责人郑某滥用职权，为谋取不正当利益，对甲公司提供虚假材料谋取中标未予追究。郑某实际上违反了《政府采购法》的上述规定，在损害 H 高校利益的同时，也构成了刑事犯罪。

本案中，郑某能够独立决定不追究甲公司的弄虚作假行为，表明 H 高校不注意防范廉政风险，未建立健全政府采购、招标投标的内控制度。如果 H 高校能够安排两人或多人负责审核投标人的投标资料，一旦发现投标人的投标资料有虚假情形，由集体决定处理方式，则有可能防止此类行为发生。

财政部《政府采购货物和服务招标投标管理办法》第六条规定，采购人应当按照行政事业单位内部控制规范要求，建立健全本单位政府采购内部控制制度，在编制政府采购预算和实施计划、确定采购需求、组织采购活动、履约验收、答复询问质疑、配合投诉处理及监督检查等重点环节加强内部控制管理。这条规定是很有针对性的，对于防范廉政风险是很有效的。各高校应当按照法律法规的规定，切实加强本单位政府采购内部控制管理，尤其要重视在关键环节引入集体决策机制，防范工作人员滥用职权，影响招投标结果，谋取不正当利益。

案例九

评标专家信息保密的廉政风险

　　教育部直属 I 高校为提升研究能力，计划采购一台傅立叶变换离子回旋共振质谱仪，采购预算为 1100 万元，采用公开招标的方式采购。

　　招标文件发售后，甲公司、乙公司、丙公司三家提交了投标文件。I 高校采购管理部门依据《关于进一步完善中央财政科研项目资金管理等政策的若干意见》第五条"中央高校、科研院所可自行采购科研仪器设备，自行选择科研仪器设备评审专家"的规定组建了质谱仪的评标委员会，其中采购管理部门工作人员王某作为招标人代表，I 高校刘某、田某、李某、罗某等四位教职工作为设备技术方面评标专家。

　　甲公司法定代表人崔某为了在评标中获取优势，经人介绍认识了 I 高校采购管理部门负责人蒋某，请求蒋某予以帮助，并向蒋某支付 20 万元作为报酬。蒋某接受请托后，利用自己作为采购管理部门负责人的职务便利，在知道评标委员会成员后第一时间告知崔某，并给出评标专家的联系方式、家庭住址等个人信息。崔某在得知名单后向四位评标专家行贿，其中刘某、田某各自收受崔某 5 万元现金，李某、罗某则拒绝了甲公司的贿赂。在评标过程中，招标人代表王某在蒋某的指示下给甲公司打高分，刘某、田某也给甲公司打出高分，综合评分下甲公司评分最高，成为第一中标候选人。

后蒋某因犯受贿罪被判处有期徒刑三年零六个月，并处罚金 20 万元人民币。

【案例评析】

评标专家是政府采购活动的重要参与主体，他们的评标活动直接决定中标结果。因此，在政府采购过程中，必须重视对评标专家信息的保密，防止供应商在评标结束前私下接触评标专家，以不正当手段谋求中标。基于此，政府采购领域的多项法律法规都对保守评标专家信息秘密作出规定。例如《政府采购货物和服务招标投标管理办法》第四十七条第四款规定，评标委员会成员名单在评标结果确定或者公告前应当保密。同时，《政府采购货物和服务招标投标管理办法》第六十二条也明确了评标委员会成员的行为规范，规定其不得私下接触投标人，不得收受投标人的财物或者其他好处。

在本案中，蒋某作为采购管理部门负责人，向投标人泄露评标委员会成员的个人信息并获取报酬的行为，违反了保守评标委员会专家信息秘密的义务，为崔某以贿赂手段谋求中标提供了机会。而招标人代表王某、评标专家刘某和田某作为评标委员会成员，私下接触投标人并收受财物，在没有审查和比较投标文件的前提下打高分，违背了评标委员会成员客观公正履行职务的要求。蒋某向特定供应商泄露评标专家信息是本案违法违规行为得以发生的直接原因。

为了防范类似本案的廉政风险，高校首先应加强对校内相关人员的职业道德、法律法规与纪律教育，提升工作人员的廉洁自律意识，同时要让工作人员知晓违法违纪的严重后果。其次，高校也要健全评标委员会成员的遴选、监督机制，确保评标委员会成员能够守法、守纪。最后，高校在政府采购活动中要重视评标现场的监督管理，发现评标委员会成员非正常评标时，要及时作出反应。

案例十

采购人代表评审中的廉政风险

J高校计划采购一批家具及一批消耗类物资，招标公告发布后，甲公司投标家具采购项目，乙公司投标消耗类物资采购项目。

《J高校招标采购管理办法》规定，家具类招标采购项目，除有特殊要求外，投标人应当提供样品，样品的制作、展示要求应当在招标文件中明确标注。为顺利中标，甲公司法定代表人蔡某经人介绍找到时任J高校后勤管理部门干部的王某，向其行贿10万元，希望其在采购过程中予以帮助。后王某以采购人代表担任家具项目评标委员会成员，在参与评审过程中，王某多次发表"甲公司曾与我们合作得很愉快""甲公司产品质量不错"等言论，并对甲公司提供的样品赞不绝口，其后评审委员会成员一致评选甲公司为第一中标候选人。

在消耗类物资采购项目中，乙公司向王某行贿8万元，后勤管理部门工作人员刘某担任采购人代表，王某要求刘某在评审中"掌握节奏"。刘某在评审开始前对评审专家说："我们经过全面考察，综合分析认为乙公司实力最强、信誉最好。"评审过程中，刘某也多次明确向评审专家表示乙公司的投标产品更好，积极引导评审专家提高对乙公司技术、商务部分的打分，后评标专家与刘某商量，在丙公司的分数高于乙公司的情况下，有针对性地对丙公司进行扣分，最终乙公司排名第一顺利中标。

后王某因犯受贿罪被判处有期徒刑一年零六个月，并处罚金 10 万元。

【案例评析】

在政府采购中，采购人往往会派出代表参加评标活动。多数情形下，采购人代表会兼任评标委员会成员。因此，采购人代表对评标活动具有重要影响。如果采购人代表认真负责、公正专业地履职，就有助于确保评标结果的公正性和专业性；反之，如果其向评审专家作不当解释或者说明，将会影响评审专家的独立性，干扰评审专家独立、客观地进行判断。因此，政府采购、招标投标领域的法律、法规注重规范采购人或其代表在评标过程中的言行。例如，《政府采购法实施条例》第四十二条规定，采购人不得向评标委员会、竞争性谈判小组或者询价小组的评审专家作倾向性、误导性的解释或者说明。《政府采购货物和服务招标投标管理办法》第四十五条规定，采购人可以在评标前说明项目背景和采购需求，但是说明内容不得含有歧视性、倾向性意见。该办法第六十二条同时还规定，评标委员会及其成员不得违反评标纪律发表倾向性意见或者征询采购人的倾向性意见，不得对需要专业判断的主观评审因素协商评分。

就本案的家具采购项目来看，王某收受甲公司的贿赂，在以采购人代表担任评标委员会成员期间，多次发表有关甲公司产品的倾向性意见，干扰评审委员会成员的独立判断，使投标人甲公司获得了不正当的优势，破坏了投标竞争的公平性。就本案的消耗类物资采购项目来看，刘某受王某指使，在以采购人代表担任评标委员会成员期间，不仅在评标前超出招标文件范围发表倾向于乙公司的言论，而且在评标过程中多次发表引导性言论提高评审专家对乙公司的打分，更与评标专家协商对丙公司进行针对性扣分，最终使乙公司中标。

王某与刘某作为采购人代表，在评标过程中均未保持中立，其倾向性的言行违背了政府采购、招投标活动的公正原则，对评标结果产生了不当影响。

要有效防范本案中的廉政风险，高校在加强校内干部员工尤其是重点岗位人员的法纪教育的同时，要重视政府采购活动中采购人代表的遴选工作，要选派廉洁自律、公正专业的人员担任采购人代表。学校纪检监察部门要重视对评标活动的现场监督，把采购人代表的言行列为监督重点，以防止发生违法违规情形。

案例十一

工作人员在评审过程中的廉政风险

K 高校计划采购一批教学仪器, 采用公开招标方式进行采购, 委托甲公司为该项目的招标代理公司。

乙公司实际控制人曹某为顺利中标该项目, 分多次共向时任 K 高校采购部门负责人的章某给付人民币 20 万元。甲公司在招投标过程中按照章某的指示, 安排工作人员在向评委发放标书时向评委指明给哪家公司打高分, 通过这种方式让乙公司中标, 实现章某的意图。

章某多次利用职务便利干涉评标, 为他人谋取不正当利益, 数额巨大, 因犯受贿罪被判处有期徒刑六年, 并处罚金 30 万元。

【案例评析】

在政府采购活动中, 未纳入集中采购目录的政府采购项目, 采购人可以自行招标, 也可以委托采购代理机构在委托的范围内代理招标。

代理机构在政府采购活动中承担着重要职责, 因此, 我国

《政府采购法》等法律法规对采购代理机构作出了多项规定，用以规范此类机构的行为。如《政府采购法》第七十二条规定，采购人、采购代理机构及其工作人员有下列情形之一，构成犯罪的，依法追究刑事责任；尚不构成犯罪的，处以罚款，有违法所得的，并处没收违法所得，属于国家机关工作人员的，依法给予行政处分：（一）与供应商或者采购代理机构恶意串通的；（二）在采购过程中接受贿赂或者获取其他不正当利益的；（三）在有关部门依法实施的监督检查中提供虚假情况的；（四）开标前泄露标底的。又如《政府采购货物和服务招标投标管理办法》第四十五条规定，采购代理机构在组织评标工作时，应当在评标期间采取必要的通信管理措施，保证评标活动不受外界干扰；维护评标秩序，监督评标委员会依照招标文件规定的评标程序、方法和标准进行独立评审，及时制止和纠正采购人代表、评审专家的倾向性言论或者违法违规行为。

在本案中，甲公司作为采购代理机构代理招标活动，理应依法组织评标工作并承担相应职责，按照《政府采购货物和服务招标投标管理办法》第四十七条规定组建评标委员会，确保评标工作严格保密且不受干预。但由于委托人章某因收受贿赂而作出的指示，甲公司进行了违法操作，使得评标过程受到干涉，评标结果受到影响，相当于直接指定了乙公司为中标人。

章某收受贿赂以及甲公司干涉评标的违法行为表明，K高校在内部控制与道德建设，以及采购代理机构选择与监管方面，未注意廉政风险防范。K高校应当按照《政府采购货物和服务招标投标管理办法》第六条规定，建立健全本单位招投标内部控制制度，明确各个环节的责任和权力，防止权力滥用。对于高校工作人员，特别是涉及采购等关键岗位的人员，应加强道德教育和职业操守培训，提高廉洁自律意识。同时，在选择采购代理机构时，K高校也应当对其进行充分的背景调查和信誉评估，避免代理机构参与不正当行为，并加强对代理机构的有效监管，及时发现并制止其违法违规行为。

案例十二

专家评审中的廉政风险

L 高校计划新建学生公寓，在官网上发布招标信息，该项目采用设计及施工总承包方式进行公开招标，评标采用综合评分法。乙公司及其他多家单位在招标文件规定的时间内递交了投标文件。省评审专家管理系统随机自动抽取了王某等担任评审专家。王某在得知自己成为 L 高校学生公寓项目评审专家后，在其参加的评审专家微信交流群里发布了相关信息。

乙公司法定代表人罗某通过与王某同在微信交流群的其他专家得知王某系学生公寓项目的评审专家，遂找到王某，请求王某在评标过程中予以帮助。王某在评分时对乙公司评出最高分值，对其他投标单位评出接近最低分值，乙公司得分排名第一，成为第一中标候选人。评标结束后，乙公司法定代表人罗某将王某约至某商场地下停车场，将 10 万现金交给王某。

在得知罗某因涉嫌串通投标罪归案后，王某向公安局投案自首，将 10 万元现金上缴公安局。后王某因犯非国家工作人员受贿罪，被判处有期徒刑一年，缓刑一年零六个月，并处罚金 10 万元。

【案例评析】

招标人在招标过程中，一般都会组建评标委员会负责评标工作。

我国《招标投标法》第四十条规定，评标委员会应当按照招标文件确定的评标标准和方法，对投标文件进行评审和比较；设有标底的，应当参考标底。评标委员会完成评标后，应当向招标人提出书面评标报告，并推荐合格的中标候选人。招标人根据评标委员会提出的书面评标报告和推荐的中标候选人确定中标人。招标人也可以授权评标委员会直接确定中标人。可见，评标委员会的评标结果对招标方具有约束力。

权责必须平衡，方能确保权力的正当行使。评标委员会在享有较大权力的同时，也必须承担相应的义务。我国《招标投标法》第四十四条明确规定，评标委员会成员应当客观、公正地履行职务，遵守职业道德，对所提出的评审意见承担个人责任。评标委员会成员不得私下接触投标人，不得收受投标人的财物或者其他好处。从内容上看，该条规定的主旨是规定评标委员会成员的廉洁义务。

尽管法律有明确的规定，但在实践中，评标委员会成员违反廉洁规范的行为时有发生。多数是个别投标方在得知评标委员会成员名单后，主动找到评标专家，送上好处，请托关照。某些评标专家抵不住诱惑，从事违法违规行为。少数情形下，某些评标专家有意泄露个人信息，引诱特定投标方行贿。后一种情形更为恶劣。本案中的王某在微信群中泄露相关信息，难说没有获取不正当利益的企图。

高校要保证招标工作的顺利进行，就必须注重防范此类廉政风险。在实际操作中要注意以下几点：一是要加强对评标专家的遴选和考核，要遴选业务能力强，而且有较高道德水准的专家；二是加强对评标现场的监督，防止发生非正常评标行为，对于显著非正常的高分或低分，应当予以剔除；三是高校共享评标专家信息，一旦发现违法违规的专家，予以联合抵制。

案例十三

退还投标保证金的廉政风险

M 高校委托招标代理机构就"M 校教学用电脑设备"进行公开招标，项目预算 1000 万元。招标代理机构发布招标公告，M 高校要求供应商交纳 20 万元投标保证金，招标文件载明："投标人不得在开标时间起至投标文件有效期期满前撤销其投标文件"。

经评审，乙、丙、丁三家公司分别为第一、第二、第三中标候选人。此时，乙公司向招标代理机构提交报告称因乙公司原因撤销投标文件。

乙公司法定代表人为顺利要回投标保证金，找到时任 M 高校财务部门负责人的童某，称："《政府采购货物和服务招标投标管理办法》第二十三条规定投标有效期内投标人撤销投标文件的，采购人或者采购代理机构可以不退还投标保证金。那也可以退投标保证金嘛，您看我们还没有签合同，也没有给国有资产带来损失，烦请您关照一下。"乙公司向童某行贿 10 万元，童某接受请托后，利用职务便利，在退还乙公司投标保证金事宜上予以帮助，乙公司顺利收回投标保证金。

后童某因犯受贿罪被判处有期徒刑一年，并处罚金 10 万元。

【案例评析】

当采购主体以公开招标或邀请招标方式进行采购时，往往要求供应商交纳一定数额的投标保证金。投标保证金作为一种担保措施，能够有效约束投标人行为，保障投标招标活动的顺利推进。通常情况下，投标保证金会在中标结果公示后的一定期限内退还至投标人。但对于在投标截止后，选择撤销投标文件的投标人，招标方有权决定是否退还投标保证金。撤销投标文件意味着投标人提前放弃了中标资格，若其在投标截止后提出，招标人可能会遭受重新招标、项目推迟等损失，扰乱政府采购活动的正常秩序。因此，我国政府采购领域的法律法规对退还保证金作出了明确规定。如财政部《政府采购货物和服务招标投标管理办法》第二十三条规定，投标有效期内投标人撤销投标文件的，采购人或者采购代理机构可以不退还投标保证金。

本案中，招标文件明确载明，不得在开标时间起至投标文件有效期期满前撤销投标文件。乙公司在成为中标候选人的情况下，仍选择撤销投标文件，属于招标文件中规定的不予退还投标保证金的情形，M 高校有权拒绝向其退还投标保证金。但由于 M 高校财务部门负责人童某的运作，保证金被违规返还给乙公司。童某滥用职务便利，不仅损害 M 校的利益，也使得自身受到刑事制裁。

　　为了有效防范退还投标保证金过程中的廉政风险，M 高校首先应当建立健全退还投标保证金的流程和规范。通过明确退还条件、规范操作流程和确定退还责任人的方式，确保保证金的退还环节有相应的规范和程序可循。其次，M 高校应当建立有效的内部培训机制，加强对采购（招标）人员的教育，提高廉洁意识和风险防范能力。最后，M 高校应当强化监督机制，不仅要通过自我管理加强对采购部门的内部监督，还应当通过主动披露申请人、退还金额、退还时间等信息接受外部监督，提高退还投标保证金工作的透明度，防止权力滥用和腐败行为的发生。

案例十四

"明招暗定"的廉政风险

钱某系 N 高校采购部门干部,负责货物、服务招标采购工作。为确保食堂食品安全,N 高校拟对第二、第三食堂大宗物资定点采购进行公开招标,合同供货期为 1 学年。甲公司法定代表人刘某得知消息后,计划参与竞标第二食堂大宗食材采购项目,为能在招标过程中谋求钱某关照,找到钱某说情,并送给钱某 50 万元。之后,钱某在明知甲公司食材费用报价高于市场行情、高于其他投标企业的情况下,与招标代理公司人员商定修改招标条款,围绕甲公司设置无实质意义"加分项",最终使得甲公司以 800 万元价格中标第二食堂大宗食材采购项目。

另外,钱某以其妻子名义设立乙公司,参与第三食堂采购项目投标。期间,钱某利用其负责招投标工作的职务便利,围绕乙公司"量身定制"招标条款,最终使得乙公司以 900 万元的价格中标。之后,钱某又以 800 万元价格转让给某蔬菜瓜果供应公司。

案发后,经专业机构评估,第二、第三食堂拟招标的大宗物资市场年度价格约为 700 万元。钱某在明知甲公司报价高于其他公司时，仍帮助甲公司高价中标，直接导致 N 高校增加 300 万元费用支出，造成国有资产损失，构成国有事业单位人员滥用职权罪。钱某在第三食堂大宗物资招投标过程中基于贪污的故意，为本人实际控制的公司"量身定制"招标条款，中标后再行转卖，套取 N 高校公共财产，构成贪污罪。后钱某因犯贪污罪、受贿罪、国有事业单位人员滥用职权罪，数罪并罚，被判处有期徒刑十年，并处罚金 70 万元。

【案例评析】

在政府采购实践中，经常发生采购方与特定供应商串通的情况，他们以设置不合理招标条款的方式"明招暗定"。这种行为通常体现为在招标文件中加入明显倾向或排斥某一潜在投标人的条款，为特定投标人"量身定制"招标条件，打造"萝卜标"。"明招暗定"导致招标投标活动成了走过场，严重破坏了公平的竞标环境。对此，我国政府采购领域的法律法规作出明确禁止。《政府采购法》第二十五条规定，政府采购当事人不得相互串通损害国家利益、社会公共利益和其他当事人的合法权益；不得以任何手段排斥其他供货商参与竞争。供货商不得以向采购人行贿或者采取其他不正当手段谋取中标或者成交。

《政府采购货物和服务招标投标管理办法》(财政部令第87号)明确了招标文件评审因素由投标报价、技术或服务水平、履约能力、售后服务等构成。在实务操作中，采购人或代理机构将供应商的业绩、奖项视为代表履约能力的评审因素已成为普遍现象。近年来，供应商对采购文件中设置的业绩和奖项类评分内容质疑和投诉的情况逐渐增多。某些采购人或代理机构利用设置加分项的方法为特定供应商谋取中标机会的情形，也屡屡发生。

在本案中，钱某的违规操作，实际上等同于直接指定甲公司、乙公司分别中标 N 高校第二食堂、第三食堂大宗食材采购项目。正是这种违规操作，使得乙公司能够再次转标套现，谋得不正当利益。这些违规操作损害 N 高校的利益，造成国有资产严重损失，也使得钱某受到刑事制裁。

本案钱某的违法犯罪行为也表明，N 高校在招标文件的编制和修改程序中，缺乏足够的、有针对性的监督，对制度的执行流于形式。为了最大限度控制此类廉政风险，确保招标文件制定的合理、公平、公正，各高校可以从以下三点进行防范。首先，要采用集体讨论形式决定招标文件的内容，防止个别人在制定招标文件环节作不当操弄；其次，招标文件形成后，要严格限制对招标文件的修改；最后，要强化监督，在招标文件形成过程中，高校纪检、监察部门应提早介入，进行现场监督，防止招标文件出现违法违规内容，防止相关人员利用制作招标文件的机会谋取非法利益。

案例十五

拒签采购合同的廉政风险

P 高校进行科研仪器设备采购，公开招标。经过评审，评审委员会推荐甲、乙、丙公司分别为第一、第二、第三中标候选人。后发布中标公告，中标供应商为甲公司。P 高校一直推脱不签订采购合同。

甲公司法定代表人张某经人介绍认识了招标代理机构工作人员刘某，刘某告知张某，P 高校之所以一直推脱不签订采购合同是因为 P 高校申购部门在招标前已经选定意向乙公司，本次公开招标乙公司未中标，因此 P 高校想取消中标结果，再次就该项目进行公开招标，如果甲公司想顺利进行该项目的话，需要去和 P 高校申购部门协调一下。为顺利签订采购合同，张某向 P 高校申购部门负责人王某行贿 10 万元，希望王某可以按照中标通知书的要求签订合同。王某在此次公开招标之前已接受乙公司请托，承诺"打招呼"让乙公司中标，因甲公司实力强劲，乙公司未能中选，故王某授意拖延合同签订事宜，在接受甲公司请托后，王某指示相关人员按正常程序进行，双方顺利签订采购合同。

事后，甲公司向财政部门、纪检部门举报王某受贿，经查，王某另收受乙公司10万元，后王某因犯受贿罪被判处有期徒刑三年，并处罚金20万元。

【案例评析】

采购人或其委托的招标代理机构发布中标公告和中标通知书后，采购人应根据中标通知书要求，及时与中标人签订采购合同，不能随意取消、改变中标结果，也不得拖延、拒签采购合同。政府采购领域的法律法规对此有明确规定。《政府采购法》第四十六条规定，采购人与中标、成交供应商应当在中标、成交通知书发出之日起三十日内，按照采购文件确定的事项签订政府采购合同。中标、成交通知书发出后，采购人改变中标、成交结果的，或者中标、成交供应商放弃中标、成交项目的，应当依法承担法律责任。《政府采购货物和服务招标投标管理办法》第七十条规定，中标通知书发出后，采购人不得违法改变中标结果，中标人无正当理由不得放弃中标。本案中王某的行为在构成犯罪的同时，也违反了上述法律规定。

实践中，采购人拖延、拒绝签订采购合同往往隐含着谋求私利的企图，有时是采购方的人员意欲从中标人那里获得不当利益，有时是采购方及其内部人员想排除中标方，以便将采购机会交给其他投标方。第一种情形是露骨地索要好处，第二种情形往往也隐含着不当请托和利益输送，背后都存在较大的廉政风险。本案中的王某，之所以故意拖延与中标方签订合同，就是想废掉本次招标结果，以便通过顺延让乙公司中标。

针对采购方拒绝、拖延与中标方签订合同的行为，我国法律法规有明确的处罚规定。《政府采购法实施条例》第六十七条第四款规定，采购人未按照采购文件确定的事项签订政府采购合同的，由财政部门责令限期改正，给予警告，对直接负责的主管人员和其他直接责任人员依法给予处分，并予以通报。

高校要防范内部人员拒绝、拖延签订采购合同的廉政风险，关键是要建立健全采购内部控制制度，尤其是要建立向供应商开放的质疑投诉机制。这样，当中标方受到刁难时，可以通过质疑投诉排除障碍。

案例十六

签订合同中的廉政风险

Q 高校新建学生宿舍，甲公司通过公开招标方式中标。招标文件中约定的合同付款方式为：本工程项目按合同约定支付进度款，屋面砼完成支付至合同总价的 50%，工程竣工验收合格且竣工验收资料备案符合要求时支付至合同总价的 84%，结算完后支付至结算总价的 97%，余 3% 作为质保金，缺陷责任期满后 14 个工作日内无任何质量问题予以支付。甲公司法定代表人为减轻公司垫资负担，向时任 Q 高校基建部门负责人的张某行贿 20 万元，希望双方能就工程款支付节点进行一定修改。

在张某的授意下，Q 高校与甲公司最终签订的《建设工程施工合同》将施工工程结算节点由工程进度节点变更为按月支付，同时将质保金的比例降低到 1%，对合同内容进行了实质性变更。

后张某因犯受贿罪被判处有期徒刑三年零六个月，并处罚金 30 万元。

【案例评析】

在工程合同签订环节，招标人、中标人应依据招投标文件确定的事项和相关法律的规定签订书面合同，不得超出招投标文件既定的范围或者改变、背离其中的实质性内容。招标投标领域的法律法规对此有明确规定。《招标投标法》第四十六条规定，招标人和中标人应当自中标通知书发出之日起三十日内，按照招标文件和中标人的投标文件订立书面合同。招标人和中标人不得再行订立背离合同实质性内容的其他协议。《招标投标法实施条例》第五十七条规定，招标人和中标人应当依照招标投标法和本条例的规定签订书面合同，合同的标的、价款、质量、履行期限等主要条款应当与招标文件和中标人的投标文件的内容一致。招标人和中标人不得再行订立背离合同实质性内容的其他协议。Q 高校与甲公司最终签订的《建设工程施工合同》，对工程款支付节点和质保金比例作了实质性变更，违反了上述法律规定。

本案中，张某作为 Q 高校基建部门负责人，手握工程项目管理的权力，成为甲公司行贿的对象。甲公司为了谋取不正当利益向张某行贿，使得双方最终订立的合同违背招标文件和投标文件的内容，使甲公司获得了不正当利益。此类行为弱化了招标文件和中标单位投标文件的约束力，损害了其他投标方的利益。这类行为也直接损害了招标方的利益，给工程建设带来了隐患，使招标方付出了更多的成本。

高校要重视防范此类廉政风险，一是要加强对合同签订过程的监督，确保最终签订的合同条款与招标文件及中标单位投标文件内容一致；二是要重视对此类违法违规行为的调查处理，一旦发现此类行为，就要进行调查，如果经调查发现是相关人员的故意行为，就要依法依纪予以处罚或处分。

案例十七

签订合同补充协议的廉政风险

R 高校乙实验室计划采购一批实验设备,通过招标代理机构发布招标公告。招标文件载明:本次采用经评审的最低投标价法,投标价格低于成本可能影响合同履行的异常低价除外。甲公司了解到相关信息,想中标该项目。甲公司法定代表人古某系 R 高校乙实验室相关工作负责人段某的大学同学,古某约段某吃饭并表达了相应意愿,向段某行贿 10 万元,希望段某可以在招投标中予以帮助。

段某接受古某请托后,考虑到此次评标方法的特殊性,让古某以能接受最低设备价格的 90% 作为投标价,以确保中标。在开标时,甲公司的报价为最低价,经评委审议推荐甲公司为中标候选人。在 R 高校乙实验室与甲公司以中标价签订设备采购合同一个星期后,经段某授意,R 高校乙实验室以原合同价的 10% 作为追加售后服务的金额与甲公司签订了补充协议。甲公司最终的合同金额高于其他所有投标人的报价。

后段某因犯受贿罪被判处有期徒刑两年,并处罚金 10 万元。

【案例评析】

在高校采购和招投标活动中，难免会出现需要签订补充合同的情况。但法律法规对签订补充协议有明确的限制，只有在符合法律法规的规定时，采购人方可与供应商协商签订补充合同。《政府采购法》第四十九条规定，政府采购合同履行中，采购人需追加与合同标的相同的货物、工程或者服务的，在不改变合同其他条款的前提下，可以与供应商协商签订补充合同，但所有补充合同的采购金额不得超过原合同采购金额的百分之十。

我们必须准确理解上述法律条文的含义。采购人追加的内容必须是与合同标的相同的货物、工程或者服务，并且不能改变合同其他条款。在实践中，某些采购人曲解上述法律条文，与供应商相互串通，以低价中标后通过签订补充协议的方式高价结算。这类行为严重影响了采购活动的公平性和公正性。本案中段某作为高校乙实验室相关工作负责人收受甲公司法定代表人贿赂，与投标人甲公司恶意串通，致使甲公司最终的合同金额高于其他所有投标人的报价，损害了 R 高校的正当利益，也让自己受到了刑事制裁，锒铛入狱。

本案段某的违法犯罪行为也给 R 高校敲响了廉政风险防范的警钟。在没有内部监督的情况下，仅凭段某个人授意，R 高校乙实验室就与中标人甲公司签订高价补充协议，反映出 R 高校在采购内控制度方面存在短板。

案例十八

履约过程中变更合同的廉政风险

　　S高校新建图书馆，通过公开招标的方式选定甲公司作为施工单位。S高校与甲公司签订《建设工程施工合同》，合同约定了总工期。

　　因受新冠疫情影响，项目施工进度严重迟滞，甲公司项目经理李某对于疫情造成的影响持不乐观态度，为了顺利开展后续工作，向S高校基建部门相关负责人张某行贿50万元，希望张某在后续进度推进、工程结算、工程验收等过程中给予帮助。因新冠疫情影响S高校众多项目建设，S高校专门召开新冠疫情防控与复学复工专题会，会上张某表明甲公司将加强合同工期管理，S高校可根据实际情况依法协商合理顺延合同工期。停工期间增加的费用，由双方按照有关法律法规协商分担。因疫情防控增加的防疫费用，建议计入工程造价；因疫情造成的人工、建材价格上涨等成本，双方拟按照合同约定的调价方法调整合同价款。

　　在图书馆项目建设过程中，对于甲公司提交的价格调整申请、竣工日期的延长申请等，在张某的授意或者指示下，S高校基建处均无条件同意。图书馆主体工程完工后，S 高校及时对项目进行了竣工验收和工程接收。

后张某因犯受贿罪被判处有期徒刑四年，并处罚金 20 万元。

【案例评析】

经过招投标的合同，招标人与中标人协商一致后，可以变更，但双方不能对合同的实质性内容进行变更。这是此类合同与一般民事合同的差异之处。经过招投标程序形成的合同，是竞争的结果，是中标人对其他投标人的胜出。中标人胜出的根本原因是其提出的投标条件更有利于招标方，中标方应受其提出的投标条件的约束。即使招标方同意变更合同，这种变更也受到法律限制，因为随意变更合同实质条款，意味着对其他投标方的欺骗，会使得招标投标过程变更毫无意义，也容易滋生腐败。故，《招标投标法》第四十六条规定，招标人和中标人应当自中标通知书发出之日起三十日内，按照招标文件和中标人的投标文件订立书面合同。招标人和中标人不得再行订立背离合同实质性内容的其他协议。

本案中，张某收受供应商甲公司项目经理的贿赂，在合同履行过程中的进度推进、工程结算、工程验收等环节通过授意或者指示的方式，对甲公司的价格调整、竣工日期延长等实质性变更合同的请求均无条件应允，严重损害了 S 高校的相关利益，破坏了招标投标的公平性，最终也让自己遭受到了刑法的制裁。

　　本案张某的违法犯罪行为也反映出 S 高校在政府采购与招标投标制度上存在较大隐患，由个别人决定招标投标合同的变更，内控制度形同虚设。

　　各高校应当从 S 高校身上吸取教训。要切实维护招标投标结果的严肃性，不得随意变更合同；即使因特殊情况要变更合同的，也应采取集体决定的方式。

案例十九

工程施工过程中的廉政风险

　　T高校计划新建体育馆，对外发布招标公告，要求投标人需具备建设工程施工总承包二级资质，甲公司提交了投标文件。经过评标，T高校向甲公司发出中标通知书，并签订《建设工程施工总承包合同》。

　　体育馆建设项目按照约定的时间开工，在建设过程中，T高校基建部门工作人员于某发现现场工人并非甲公司员工，而是某施工队。于某进一步调查发现，除《建设工程施工总承包合同》里明确约定的项目经理系甲公司员工外，现场的技术负责人、质量管理负责人、安全管理负责人均不是甲公司员工。在体育馆建设项目中，甲公司实际上仅向施工队负责人唐某出借账户，收取项目金额3%的管理费，不参与工程施工、管理，不承担工程技术、质量和经济责任，所有从T高校支付至甲公司指定账户的工程款，在甲公司扣留管理费后，直接向唐某指定账户进行支付。合同约定由甲公司负责采购的主要建筑材料、构配件及工程设备或租赁的施工机械设备，实际上都由唐某进行采购、租赁。唐某自行组织施工，自主经营，自负盈亏。

于某向其上司，即时任 T 高校基建部门干部的王某报告相应情况，王某找到唐某，告诉对方："你们没有资质的事情我已知晓，直接借用甲公司的资质，T 高校和甲公司签订的合同是无效的，现在体育馆才完成地基工程，不想事情闹大的话最好给出一个解决方案来！"唐某遂经人介绍，向王某妻子送礼30 万元。王某在后续工作中授意下属于某等人帮助唐某顺利推进工程建设，并在工程验收等环节给予便利。

后王某因犯受贿罪被判处有期徒刑三年，并处罚金 20 万元。

【案例评析】

在工程施工过程中，中标人应当按照合同约定履行义务，完成中标项目。中标人不得向他人转让中标项目，也不得将中标项目肢解后分别向他人转让。《招标投标法》第五十八条规定，中标人将中标项目转让给他人的，将中标项目肢解后分别转让给他人的，违反本法规定将中标项目的部分主体、关键性工作分包给他人的，或者分包人再次分包的，转让、分包无效，处转让、分包项目金额千分之五以上千分之十以下的罚款；有违法所得的，并处没收违法所得；可以责令停业整顿；情节严重的，由工商行政管理机关吊销营业执照。

本案中，甲公司将其施工资质出借给唐某负责的施工队，违反了《招标投标法》的上述规定，扰乱了招标投标秩序，也给建筑工程带来了极高的安全隐患。采购（招标）方应依法严格禁止此类行为。

在本案中，王某作为 T 高校基建部门干部，明知唐某无资质，不但没有依法依规对唐某进行处理，反而收受贿赂、滥用职权为其提供便利。王某未能认真履行工作职责，其行为构成受贿罪，损害了国家利益，也败坏了社会风气。王某的行为反映出 T 高校在施工过程管理中缺乏有效监督，存在制度漏洞。

本案也提醒高校，在采购与招标过程中，除了要注意防范招投标、评标等环节的廉政风险外，也要重视对工程施工过程中廉政风险的防范。工程项目领域涉及面广、资金密集、审批权力集中，在工程施工过程中，极易滋生腐败。因此，高校要做好全流程的廉政风险防范工作，建立健全内部控制和监督机制。

案例二十

项目验收过程中的廉政风险

W 高校采用公开招投标方式采购场发射扫描电子显微镜，甲公司中标，合同金额 450 万元。

甲公司经理刘某向 W 高校资产管理部门负责资产验收的王某和设备使用单位相关负责人李某分别行贿 10 万元，希望王某和李某在验收时网开一面。王某、李某接受请托，未按履约验收程序组织专家和相关人员进行验收，在甲公司提供给 W 高校的场发射扫描电子显微镜多个技术指标不满足合同要求的情况下通过了设备验收。

案发后，对甲公司提供的场发射扫描电子显微镜进行评估，中标仪器市场价值约 450 万元，而甲公司以次充好、提供给 W 高校的仪器市场价值不到 300 万元。

王某、李某造成国有资产损失 150 万元，因犯事业单位人员滥用职权罪同被判处有期徒刑四年六个月；王某、李某因犯受贿罪同被判处有期徒刑三年，合并执行有期徒刑七年，同被并处罚金 20 万元。

【案例评析】

项目验收是政府采购、招标投标流程的最后环节，对于确保实现采购目的意义重大。因此，我国相关法律法规对政府采购、招标项目的验收作出了具体规定。财政部《政府采购货物和服务招标投标管理办法》第七十四条规定，采购人应当及时对采购项目进行验收。采购人可以邀请参加本项目的其他投标人或者第三方机构参与验收。参与验收的投标人或者第三方机构的意见作为验收书的参考资料一并存档。《政府采购实施条例》第六十八条第十项规定，采购人、采购代理机构未按照规定组织对供应商履约情况进行验收，依照政府采购法第七十一条、第七十八条的规定追究法律责任。

项目验收工作涉及范围广、专业要求高，负责验收工作的主体、人员权责重大。项目验收环节也是一个容易发生腐败行为的环节，存在较大的廉政风险。在本案中，王某和李某作为验收人员，未能坚守职业道德和法律法规，而接受了甲公司经理刘某的贿赂，徇私舞弊，放弃了对设备的严格验收，造成国有资产损失150万元。二者的行为不仅违背了上述法律规定，同时也构成滥用职权罪、受贿罪。

本案折射出了项目验收阶段存在的廉政风险。正是因为W高校在项目验收过程中缺乏有效的监管和制约机制，王某等人才有机可乘，滥用职权、收受贿赂。因此，高校要重视对项目验收环节廉政风险的防范。要注意选派廉洁自律意识强的人员参加项目验收，要加强对项目验收环节的监督和管理，在可能情形下，实行过程公开、结果公开，通过公开来约束验收人员，防止暗箱操作。

图书在版编目(CIP)数据

高校采购与招标工作廉政风险防控手册／李家才
主编. —长沙：中南大学出版社，2024.12
　ISBN 978-7-5487-4683-6

Ⅰ.①高… Ⅱ.①李… Ⅲ.①高等学校－采购管
理－廉政建设－研究－中国②高等学校－招标－廉政
建设－研究－中国 Ⅳ.①G647.4②D630.9

中国版本图书馆 CIP 数据核字(2021)第 187198 号

高校采购与招标工作廉政风险防控手册

主　编　李家才

副主编　尹　辉　张春雨

□出 版 人	林绵优
□责任编辑	沈常阳
□责任印制	唐　曦
□出版发行	中南大学出版社

社址：长沙市麓山南路　　　　邮编：410083
发行科电话：0731-88876770　传真：0731-88710482

□印　　装　湖南省汇昌印务有限公司

□开　　本	880 mm×1230 mm　1/32	□印张 8.75　□字数 188 千字
□版　　次	2024 年 12 月第 1 版	□印次 2024 年 12 月第 1 次印刷
□书　　号	ISBN 978-7-5487-4683-6	
□定　　价	48.00 元	